심야의 철학도서관

심야의 🌙 철학도서관

**A DIALOGUE
ON CONSCIOUSNESS**

인간의 의식, 영혼도 뇌도 아닌 세계를 찾아서

토린 얼터 · 로버트 J. 하월
Torin Alter and Robert J. Howell

한재호
옮김

글항아리

로버트 J. 하월 시니어와 어빙 J. 얼터, 재닛 K. 얼터에게 바칩니다.

머리말

우리가 깨어 있든 꿈을 꾸든 선율과 심상, 그 밖의 의식 경험은 우리 마음속에서 자리를 차지하고 있다. 그런데 우리 머릿속에는 말 없는 회색 물질인 뇌가 들어 있을 뿐이다. 어떻게 이럴 수 있을까? 의식이 두뇌활동의 결과로 발생한다는 명제를 뒷받침하는 과학적 증거가 나날이 증가함에도, 이 명제가 불러일으키는 신비감은 떨칠 길이 없다. 의식의 바탕이 되는 물리적 과정뿐 아니라, 의식 자체도 과학으로 설명할 수 있을까? 아니면 의식은 비물리적 현상일까?

이 책의 대화는 이런 문제를 깊이 탐구한다. 등장인물들은 계몽주의 시대부터 현대까지 전개돼온 의식에 관한 주요 이론과 논증을 놓고 토론한다. 우리는 이런 견해를 엄밀하면서도 흥미롭고 쉽게 전달하려 했다. 이런 시도는 멋진 일이라고 생각한다. 독자 여러분도 우리처럼 느끼길 바란다.

_토린 얼터 & 로버트 J. 하월

한 철학자의 긍정식Modus Ponens은 다른 철학자의 부정식Modus Tollens이다.

_철학 격언(출처 미상)

월요일 밤

장면: 깊은 밤 도서관. 꾀죄죄한 두 인물이 계단에서 나타나 듀이십진분류법 Dewey Decimal 110번과 127번 사이에 있는 개인 열람실 구석으로 숨어든다. 둘은 학생 휴게실에서 슬쩍한 방석을 들고 있다. 두 녀석 가운데 덜 깨끗한 녀석이 코를 틀어막는다.

톨렌스 여기는 괜찮겠지?

포넨스 (코를 쿵쿵대며) 그럴걸. 여기서 자면 되겠다. 냄새도 안 나고, 철학 서가라서 아무도 안 올 거야.

톨렌스 살았다. 난 녹초가 됐어. 지하실에서 숨 막혀 죽는 줄 알았다고. 환풍기 안에 시체라도 있는 걸까?

포넨스 뭔가는 있겠지. 그런 건 생각하기도 싫어.

톨렌스 별일이네.

포넨스 야, 철학과 학생은 쉰내에 대해서도 곰곰이 생각해야 한다는 거야?

톨렌스 쉰내라고? 재밌네. 난 알싸한 단내라고 생각했는데. 역겹기는 매한가지지만.

포넨스   법대생이라면 쉰내도 단내로 느낄 수 있지. 변호사가 매일같이 심사숙고하는 행위에 비하면 확실히 달콤하니까 말이야.

톨렌스   까불기는. 계속 비웃어라. 난 몇 년 뒤에 싱글벙글하며 은행에 다닐 테니.

포넨스   난 햄버거 패티를 뒤집고 있겠지.

톨렌스   햄버거가 철학은 원래 밥벌이가 안 되는 법이라고 말하면 혼쭐을 내주라고. 아무튼, 내가 아래층에서 맡은 냄새는 알싸한 단내야.

포넨스   그래, 그렇다고 쳐. 어차피 주관적인 문제일 뿐이니까.

톨렌스   "주관적인 문제일 뿐"이라니, 무슨 소리야? 이건 단지 개인의 생각에 달린 문제가 아니야. 가령, 네가 환풍기에서 장미 냄새를 맡았다거나 아무 냄새도 안 났다고 말한다면, 그건 틀린 거야.

포넨스   그래, 알았어. 내 말은, 공기 중에 어떤 화학물질이 있느냐는 객관적 사실의 문제이지만, 그 화학물질의 냄새는 우리 마음이 그 물질을 어떻게 지각하느냐에 달려 있다는 거야. 네 마음은 이렇게 지각하고, 내 마음은 저렇게 지각할 수 있다는 말이지. 네가 냄새 분자를 말하는 거라면, 냄새 자체는 같아. 하지만 우리가 냄새 맡을 때의 느낌을 말하는 거라면, 다르지.

톨렌스 잘 모르겠는데. 예를 들어볼게. 난 네가 신발을 다시 신었으면 좋겠어. 내 생각에 네 발에서는 객관적으로 악취가 나거든.

포넨스 미안.

톨렌스 우리 의견이 상충하는지는 잘 모르겠지만, 난 우리가 냄새를 어떻게 지각하느냐는 객관적인 문제여야 한다고 봐. 그저 뇌가 정보를 처리하는 방식의 문제일 뿐이니까. 내가 네 뇌를 충분히 안다면, 네가 어떤 냄새를 맡는지도 알게 되겠지.

포넨스 난 그다지 확신이 안 서는데. 내가 환풍기에서 맡은 냄새가 어떤 것인지를 내 뇌 상태로 설명할 수 있다고?

톨렌스 물론이지! 신경과학이 완전해지려면 갈 길이 멀다는 건 인정해. 하지만 해답은 전부 뇌 안에 있어.

포넨스 후각 정보가 뇌에 저장된다는 사실은 나도 전혀 의심하지 않아. 하지만 신경과학으로 의식을 설명할 수 있다는 건 받아들일 수 없어. 의식 경험에는 신경과학으로 밝힐 수 없는 뭔가가 더 있다고.

톨렌스 이런, 설마 비물질적인 영혼이 존재한다고 말하려는 건 아니겠지! 네 몸 안에서 돌아다니며 냄새를 맡는 영혼 말이야!

몇 줄 건너에서 투덜대는 소리가 나자 포넨스와 톨렌스가 깜짝 놀란다.

포넨스 거기 누구시죠?

추레한 인물이 200번 서가 언저리에서 고개를 내민다.

톨렌스   깜짝이야. 지미 누스! 졸업한 줄 알았는데!

누스*   곧 할 거야. 아직 몇 학점 남았어.

톨렌스   너도 도서관에서 살아?

누스   응, 원래 과학도서관에서 잤는데 이달 초에 쫓겨났어. 거긴 너무 춥더라. 너희 영혼에 대해 논쟁하고 있었지?

톨렌스   얼추 비슷해. 정확히 말하자면, 신경과학으로 마음을 전부 설명할 수 있는지에 대해 논쟁하고 있었어. 포넨스는 불가능하다고 했고. 내 말 맞지, 포넨스?

포넨스   맞아. 하지만 난 영혼에 대해서는 한마디도 안 했어.

누스   그렇다면 내가 영혼에 대해 이야기해주지. 영혼은 분명히 존재해. 우리가 어떤 존재인지를 결정하는 건 영혼이야!

톨렌스   그리고 네가 숨을 거두는 순간, 네 영혼은 틀림없이 입술 사이로 빠져나가서 날개를 달고 뭉게구름 위로 올라가 하프를 연주하겠지!

누스   맘껏 비웃어. 난 누가 뭐래도 영원한 영혼의 존재를 믿으니까. 뇌가 곧 마음일지도 모르지만, 그래도 영혼은 존재할 수 있어.

포넨스/톨렌스 흠.

포넨스   정말 그렇게 믿고 싶어?

* nous, 그리스어로 정신 또는 지성을 뜻한다.

누스	뭐가 어때서? 난 그렇게 믿어.
포넨스	영혼을 믿지 말라는 건 아니야. 다만 영혼을 믿는다면, 뇌가 마음이라고 믿지는 말아야 한다는 거지. 넌 몸이 죽은 뒤에도 영혼이 살 수 있다고 생각하지?
누스	맞아.
포넨스	뇌는 살 수 없고? 뇌는 관에 들어가서 나머지 몸과 함께 썩고?
누스	결국엔 그렇겠지. 뇌를 과학 연구용으로 기증하지 않는 한은.
톨렌스	내가 너라면 기꺼이 기증할 텐데.
포넨스	톨렌스는 무시해. 누스, 마음이 뇌와 같다고 한다면, 네가 죽을 때 마음도 썩어버려. 그러면 영혼은 곤란한 처지에 놓이고 말지. 생각하고, 느끼고, 개성을 나타내고, 감정을 품는 것과 같은 일을 전부 마음이 한다고 가정하면, 영혼은 텅 비게 돼.
누스	죽고 나면 내가 달라지긴 하겠지. 하지만 그래도 그게 나라는 점은 변하지 않아.
포넨스	아니, 바로 그 점이 문제야. 너를 너이게 하는 모든 것이 마음에 달려 있잖아. 기억은 마음에 저장되고, 맞지?
누스	맞아.
포넨스	그러니까, 마음이 뇌인데 뇌를 천국으로 가져갈 수 없

다면, 감정과 믿음과 성격뿐만 아니라 기억도 사라지고 말겠지.

톨렌스 사후세계가 어째 시시하겠는걸.

누스 그러게. 하지만 너희가 아무리 설득해도 난 영혼을 믿을 거야.

포넨스 믿지 말라는 건 아냐. 단지 네가 영혼에 대해 이야기할 때, 실은 마음에 대해 이야기하는 거라는 사실을 알아두라는 거지. 영원한 마음도 결국 마음일 뿐이야.

누스 좋아, 거기까지. 난 여기서 눈 좀 붙여야겠어. 그러니까……

톨렌스 잠깐, 누스. 아직 얘기 안 끝났어. 포넨스가 영혼을 버리라고 하지 않는다면, 내가 해주지! 영혼을 믿어야 할 이유는 하나도 없어! 뇌가 마음이라는 말을 꺼낸 건 바로 너고, 그 말이 옳아! 네 머리뼈 안의 오트밀 덩어리가 마음이 아니라면, 그게 하는 일이 도대체 뭔데? 그리고 신경 학자가 뇌의 일이라고 주장하는 모든 일을 마음이 한다면, 영혼은 왜 필요해? 영혼이라니! 포넨스, 너도 이런 말 같지도 않은 소리를 믿니?

포넨스 있잖아, 넌 좀 성급해. 무례한 건 말할 것도 없고. 영혼의 존재를 뒷받침하는 흥미로운 논증이 몇 개 있어. 그중에서 르네 데카르트가 17세기에 내놓은 논증이 가장 유명하지.

톨렌스　　고인이 된 프랑스인에게 구원을 요청하는 일은 철학자에게 맡길게.

포넨스　　데카르트는 아주 똑똑한 프랑스 남성으로……

누스　　　그거 알아? 데카르트는 눈동자가 안쪽으로 몰린 여자만 보면 사족을 못 썼다던데.

포넨스와 톨렌스가 서로를 잠시 멍하니 바라본다.

톨렌스　　뭐라고?

누스　　　사실이야. 브리태니커 백과사전에서 읽었어. 일종의 도착증이 있었대.

톨렌스　　자신의 내면을 관찰하기를 즐기는 여성을 좋아했겠지.

누스　　　아니야, 데카르트에게는 사촌이 있었는데……

포넨스　　알았으니까 그 얘기는 그만하자. 아무튼, 데카르트는 영혼의 존재를 뒷받침하는 영향력 있는 논증을 남겼어. 그 책이 여기 어디쯤 있을 텐데……

포넨스, 서고 안으로 사라졌다가 곧 낡은 견장정 책 한 권을 들고 나타난다.

포넨스　　데카르트의 『제1철학에 관한 성찰Meditations on First Philosophy』(이하 『성찰』)에서 관련 구절을 읽어보자.

　　　　　(…) 신은 내가 맑고 또렷하게 인식하는 모든 것을 내 인식과 똑같이 만들어낼 수 있다. 이것을 나는 안다. 그러므로 내가 하나를 다른 하나 없이 맑고 또렷하게 인식할 수 있다는 사실만으로, 나는 둘이 다르다는 것을 확신하는데, 그

것은 적어도 신만은 둘을 분리해놓을 수 있기 때문이다. 둘을 분리하려면 어떤 힘이 필요하냐는 질문은 둘이 다르다는 판단과는 무관하다. 그러므로 내가 존재함을 알고, 동시에 오로지 내가 생각하는 존재라는 사실이 내 본성 또는 본질임을 알기만 하면, 내 본질은 내가 생각하는 존재라는 사실뿐이라고 결론 내릴 수 있다. 나는 나와 긴밀하게 결합된 몸을 갖고 있다. 그러나 한편으로, 연장성이 없고 생각하는 존재라는 측면에서, 나는 나 자신에 대해 맑고 또렷한 관념을 갖는다. 다른 한편으로, 연장성이 있고 생각하지 않는 존재라는 측면에서, 나는 몸에 대해 또렷한 관념을 갖는다. 이런 이유로 확신하건대, 나는 분명히 내 몸과 다르며, 몸 없이 존재할 수 있다.

누스   어디 보자…… 하나도 모르겠네.

톨렌스   나도 마찬가지야. 신은 또 왜 나와.

포넨스   맥락을 알면 이해가 갈 거야.

누스   일단 맥주부터 마시고 할까?

포넨스   가만있어봐. 기본 발상은 매우 단순해. 데카르트는 몸 없이 마음이 존재하는 것과 마음 없이 몸이 존재하는 것을 상상했어. 그렇게 상상하기란 퍽 쉽다고 생각했지. 이 논증에 신이 꼭 필요한 건 아니지만, 신을 믿으면 생각하는 데 도움이 되긴 해. 신이 존재한다면, 신은 우리가 상상할 수 있는 건 뭐든 할 수 있어. 우리가 마음 없는 몸이나 몸 없는 마음을 상상하면, 신은 그걸 만들 수 있지. 그래서 데카르트의 추론에 의하면, 신이 우리의 마음과 몸을 분리해놓을 수 있으므로, 마음과 몸은 분리 가능하고 따라서 둘은 달라. 어떤 걸 그 자체에서 분리할 수는 없잖아.

누스   증명은? 데카르트가 영혼의 존재를 입증했어?

포넨스   데카르트의 논증이 옳다면, 마음은 뇌를 비롯한 몸 없이 존재할 수 있어. 아마도 데카르트의 마음은 몸과 뇌가 완전히 소멸한 뒤에도 살아남을 수 있을 거야. 말하고 보니, 꼭 영혼 같네.

누스   그러게!

톨렌스   난 궤변 같은데.

포넨스   그럼 논증을 좀 정리해볼게. 요점만 단계별로 적으면 이래.

데카르트의 상상가능성conceivability 논증

1. 나는 내 마음이 내 몸 없이 존재하는 것과 내 몸이 내 마음 없이 존재하는 것을 맑고 또렷하게 상상할 수 있다.

2. X가 Y 없이 존재하는 것과 Y가 X 없이 존재하는 것을 맑고 또렷하게 상상할 수 있으면, X는 Y 없이 존재할 수 있고 Y는 X 없이 존재할 수 있다.

3. 그러므로, 내 마음과 몸은 제각기 독립적으로 존재할
수 있다.

4. 그러므로, 내 마음과 몸은 다르다.

포넨스 데카르트의 논증이 제대로 작동한다면, 두 가지 방식
으로 일반화할 수 있어. 첫째, 데카르트는 이 논증을
자신의 몸 외에 다른 사람의 몸, 그리고 사실상 모든
물리적 개체에 적용할 수 있어. 다시 말해, 데카르트의
추론이 건전하다면sound, 데카르트의 마음은 물리적인
어떤 것과도 다르고 그로부터 분리될 수 있지. 둘째, 생
각하는 사람이라면 누구나 이 논증을 자신의 마음과
몸에 적용할 수 있어야 해. 자, 어떻게 생각해?

톨렌스 추론은 충분히 명료한 것 같아. 하지만 받아들이기는
힘든데. 나는 데카르트만큼 상상력이 좋지 못한가 봐.
몸 없이 마음만 있는 나, 또는 마음 없이 몸만 있는 나
를 어떻게 상상하라는 거야?

누스 내가 보기엔 둘 다 어려울 것 없는데, 두 번째가 특히
더 쉽군. 마음 없이 몸만 있는 널 상상하기란 식은 죽
먹기지.

톨렌스 그래? 그럼 가르쳐줘.

누스 언젠가 넌 죽어서 시체가 될 거야. 그러면 네 몸은 관
속에 놓이겠지. 마음 없이 말이야.

톨렌스 흠.

포넨스 마음 없는 몸은 그걸로 됐고, 몸 없는 마음은 이렇게 상상해봐. 넌 천장을 보면서 침대에 누워 있어. 그런데 네가 천천히 떠오르는 느낌이 드는 거야. 침대 위 허공에 둥둥 떠 있는 느낌 말이야.

톨렌스 그런 경험이 있는 것도 같고.

포넨스 믿어줄게. 아무튼, 넌 공중에 떠 있고, 그 상태에서 보는 방향을 돌려서 여전히 침대에 누워 있는 네 몸을 내려다보는 거야. 그 순간, 네 몸이 갑자기 사라져. 휙 하고! 그리고 넌 계속 방 안을 떠다니는 걸 느끼는 거지. 다리도 없고, 팔도 없고, 아무것도 없어. 이제 넌 그저 시야가 있는 마음일 뿐이야.

톨렌스 그런 경험은 해본 적 없어.

포넨스 그게 정상이지. 하지만 상상할 수는 있잖아, 안 그래?

톨렌스 글쎄, 그런 것도 같지만…… 잠깐! 무엇으로 본다는 거지? 눈도 휙 하고 사라졌잖아?

톨렌스 맞아, 눈도 사라졌어. 하지만 넌 눈으로 보고 있는 게 아니야.

톨렌스 잔머리 굴릴래!

포넨스 이렇게 말하는 편이 나은데, 사실 넌 보고 있는 게 아니야. 정확히 말하자면, 너에겐 세계라는 시야가 있는 거지.

톨렌스 음……

누스 그래, 꿈꿀 때처럼. 꿈속에서 세상을 볼 수 있잖아. 실제로는 눈을 감고 있는데도.

포넨스 맞아, 바로 그거야. 그렇게 상상해봐. 꿈이라는 것만 빼고.

톨렌스 음……

포넨스 그게 잘 안되면, 그냥 이렇게 상상해봐. 네가 몸에서 떠오르는 동안, 모든 것이 캄캄해지고 네 생각만 남는 거야. 아마도 '이게 대체 뭔 일이지?' 하는 생각이 들겠지. 결국엔 기하학 문제만을 생각하게 되는지도 모르겠다.

톨렌스 좀 의심스럽지만 일단 상상할 수 있다고 치자. 두 번째 전제는 어쩔 건데? 마음과 몸이 독립적으로 존재하는 걸 상상할 수 있다는 이유만으로, 정말 그럴 거라고 결론 내리는 게 말이 돼?

포넨스 두 번째 전제에는 그런 함축이 없어. 두 번째 전제가 뜻하는 바는 네 마음과 몸이 분리될 수 있다는 것뿐이야. 사후세계를 믿는다면, 육체적 죽음 이후에 마음과 몸이 분리될 거라고 믿는 셈이지. 하지만 분리될 수 없다고 믿을 수도 있어. 이를테면, 심장이 있는데 콩팥은 없는 생명체란 없는 것처럼, 마음은 있지만 몸이 없는 생명체는 없다고 주장할 수도 있지. 두 경우 모두 가능할 수도 있지만 말이야.

누스 　신은 우리가 상상할 수 있는 건 뭐든 할 수 있다는 발상으로 돌아가는 것 같은데? 이 점은 영혼과 몸에만 적용되는 건 아니잖아.

포넨스 　맞아, 그 점은 보편적으로 적용돼. 또렷하게 상상할 수 있는 거라면 뭐든 가능하다는 말이지. 그리고 다시 말하지만, 유신론자가 아니라도 이 원리를 받아들일 수 있어.

톨렌스 　아하, 너희 철학자들이 틈만 나면 정신 나간 공상과학 시나리오를 지껄이는 이유가 바로 그거로군. 상상이 가능성을 암시한다면, 상상은 상당히 효과적인 도구가 되지.

포넨스 　바로 그거야. 하지만 철학자만 그런 식으로 생각하는 건 아니야. 스키 타기를 생각해보라고.

톨렌스 　스키 타기?

포넨스 　그래, 눈 위에서 스키를 타는 건 위험한 일이야. 그리고 스키를 타는 사람들은 그걸 알지. 말하자면, 다리가 부러질 수도 있다는 걸 알아. 그래도 스키를 타잖아.

누스 　난 아니야. 난 절대 안 타. 다리 부러지면 어떡해!

포넨스 　그래, 다리가 부러질까 봐 겁이 나겠지. 하지만 다리가 부러지면 죽는다고 믿을 때보단 덜 겁날 거야. 다리 하나가 없어도 살 수 있다는 사실을 아니까 말이야.

톨렌스 　그건 그렇지.

포넨스   그런데 다리 하나가 없어도 살 수 있다는 걸 어떻게 알지? 넌 다리가 부러진 적도 없고, 다리를 절단한 적은 더더욱 없어. 말하자면 넌 그 생각을 경험적으로 검증해본 적이 없단 말이야. 그런데 그걸 어떻게 알지?

뉴스   상상에 의해서!

포넨스   맞아! 오른쪽 다리를 잃고서도 절뚝이며 걷는 모습을 상상할 수만 있으면, 다리가 없어도 살 수 있다는 걸 알 수 있지. 데카르트식으로 말하자면, 다리는 네 본질적 부분이 아닌 셈이지.

톨렌스   그래, 하지만 난 내가 망토를 걸치고서 높은 빌딩을 단숨에 뛰어넘는 장면을 상상할 수도 있어. 하지만 그렇다고 해서 내가 실제로 그럴 수 있는 건 아니잖아.

포넨스   사실 내가 이야기하는 넓은 의미에서 보면, 빌딩을 뛰어넘을 수 있어. 중력 등의 물리법칙이 주어진 상황에서 네가 빌딩을 뛰어넘는다는 건 있을 법하지 않지. 하지만 물리법칙은 우리가 아는 것과 다를 수도 있어. 다른 물리법칙이 주어진 상황이라면, 네가 빌딩을 마음대로 뛰어넘을 수도 있는 거야. 이것을 철학자들은 '형이상학적metaphysical' 가능성이라고 불러. 이와 대조되는 개념이 자연법칙 안에서의 가능성을 일컫는 '자연적natural' 또는 '법칙적nomological' 가능성이지. 슈퍼히어로의 능력은 형이상학적으로 가능해. 현실세계에 슈퍼히어로가 없다고 해도 말이야.

누스 사실상 뭐든지 가능하다는 말이네!

포넨스 아니, 형이상학적 의미에서도 어떤 것은 불가능해. 신
조차도 둥근 정사각형 혹은 흙탕물이면서 원숭이인 것
은 만들 수 없어. 이런 것들은 존재 자체에 모순이 있
기 때문에 절대 불가능해.

톨렌스 새벽 세 시에 슈퍼히어로와 흙탕물 원숭이 이야기를 하
고 있다니. 어쩌다 이렇게 된 거지?

누스 그래, 이제 잘 시간이야. 난 성서 외경 옆에서 눈 좀 붙
일게······

톨렌스 잠깐!

누스 왜 또!

톨렌스 슈퍼히어로! 슈퍼히어로가 문제야!

포넨스 우리 그냥 자자. 톨렌스, 너 약간 맛이 가고 있어.

톨렌스 아니, 들어봐. 클라크 켄트가 슈퍼맨이야, 그렇지? 우
리 모두 이걸 알고 있어.

누스 그렇지.

톨렌스 그런데 로이스 레인은 그 사실을 몰라. 로이스 레인은
클라크 켄트와 슈퍼맨이 독립적으로 존재하는 걸 상상
할 수 있다는 거지. 가령, 자신이 슈퍼맨과 입을 맞추
는 모습을 클라크 켄트가 질투 어린 눈길로 바라보는
상황이나, 클라크 켄트가 나이아가라폭포로 추락하는

동안 슈퍼맨이 엠파이어스테이트빌딩을 고색창연하게 뛰어넘는 광경을 상상할 수 있다는 말이야. 데카르트의 추론에 따르면, 이렇게 상상할 수 있기 때문에 우리는 클라크 켄트와 슈퍼맨이 다르다는 결론을 내려야 해.

누스   하지만 로이스 레인과 슈퍼맨은 허구의 인물인걸.

포넨스   아니, 톨렌스 말이 맞아.

누스   어, 적어도 슈퍼맨은 분명히 허구의 인물이잖아…… 아닌가?

포넨스   미안, 허구 맞아. 로이스 레인도 허구의 인물이고. 내가 하려던 말은 허구라는 건 중요하지 않다는 거야. 비슷한 일이 현실에서도 늘 일어나거든.

누스   좀 전엔 현실에서는 아무도 빌딩을 뛰어넘을 수 없다고 하지 않았어?

포넨스   누스, 내 말 들어봐. 어렸을 때 우리 동네에 버니 섹스라는 악동이 살았어. 버니는 재미 삼아 장난감 공기총으로 다람쥐를 쏘곤 했지. 난 버니가 싫었어. 그런데 어느 날 핼러윈 파티에 갔더니 슈퍼맨 분장을 한 아이가 있는 거야. 우리는 신나게 어울려 놀았지. 집집마다 찾아가 과자도 얻어먹고. 그런데 나중에 알고 보니 그 녀석이 버니 섹스더라고! 난 로이스 레인과 마찬가지 입장에 있었던 거야.

톨렌스   그러니까 어떤 의미에서건, 뭔가를 상상할 수 있다고 해서 그것이 가능한 건 아니야! 넌 슈퍼맨과 함께 초코바를 쓸어 모으는 동안, 버니 섹스는 잠자리에서 다람쥐에게 앙갚음당하는 꿈을 꾸고 있을 거라고 상상했을 수도 있어. 그래서 같이 과자를 얻어먹으러 다니는 친구는 버니 섹스가 아니라고 착각했는지도 모르지. 데카르트가 자신의 상상에 근거해서 마음과 몸에 대해 이와 비슷한 결론을 내렸을 때, 그도 이런 실수를 저지른 듯해.

포넨스　그래, 데카르트는 버니 섹스 오류를 저지르지 말았어야 해. 그런데 사실 데카르트는 이런 위험성을 어느 정도는 알고 있었어. 그래서 『성찰』을 출판하기 전에 일류 학자들에게 원고를 보내서 반론을 끌어냈지. 그리고 나서야 『성찰』과 다른 학자들의 반론, 자신의 답변을 한데 묶어 출판했어. 그중에 앙투안 아르노라는 신학자가 제시한 반론이 슈퍼맨 반론과 비슷해. 아르노는 빗변의 제곱과 나머지 두 변의 제곱의 합이 일치하지 않는 직각삼각형을 발견했다고 생각하는 사람을 상상해서 반론을 폈어. 아르노가 이 가련한 사람에 대해 한 말이 여기 있네.

이 자가 우리의 저명한 저자와 같은 방식으로 논증한다면, 자신의 잘못된 믿음을 확인하기에 이를 것이다. 다시 말해,

그는 다음과 같이 말할 것이다. "난 이 삼각형이 직각삼각형임을 맑고 또렷하게 안다. 그러나 난 이 삼각형의 빗변을 한 변으로 하는 정사각형의 넓이가 나머지 두 변을 각각 한 변으로 하는 정사각형 두 개의 넓이의 합과 같은지 의심스럽다. 그러므로 빗변을 한 변으로 하는 정사각형의 넓이가 나머지 두 변을 각각 한 변으로 하는 정사각형 두 개의 넓이의 합과 같음은 직각삼각형의 본질이 아니다."

톨렌스 좋은 예로군. 그러니까 누군가 피타고라스의 정리를 벗어나는 직각삼각형을 상상할 수 있다고 해서, 그런 직각삼각형이 있다고 결론 내릴 수는 없다는 얘기잖아. 결론은 그 사람이 그냥 삼각형에 대해 잘 모른다는 거지.

포넨스 맞아. 게다가 데카르트는 기하학에 젬병인 이 사람의 상상이 단지 자연적으로 불가능할 뿐이라고 반박할 수도 없어. 이런 삼각형이 존재하는 건 수학적으로 불가능하고, 따라서 형이상학적으로 불가능하거든.

누스 그럼 데카르트의 논증은 결국 헛소리네?

포넨스 아니, 그렇게 말하긴 아직 일러. 데카르트는 즉답을 했고, 아르노도 이 답을 잘 알고 있었어. 형이상학적 불가능성을 생각할 수 있는 건, 데카르트의 표현대로 관념이 맑고 또렷하지 않을 때뿐이야. 그리고 아르노 이야기의 인물은 삼각형을 맑고 또렷하게 상상하고 있지 않아. 그가 추론을 제대로 했다면, 자신이 가능하다고 생각했던 삼각형 같은 건 사실 가능하지 않다는 걸 깨달았을 거야.

누스 맞아! 게다가 데카르트는 좋고 나쁜 기하학적 추론에 정통했을 거라고. 해석기하학을 만든 사람이니까.

톨렌스 그럴 테지. 하지만 그건 속임수에 불과해. 데카르트가 몸 없는 마음을 상상했을 때, 자신이 맑고 또렷하게 생각하고 있는지를 어떻게 알았다는 거야? 데카르트가 뇌와 몸에 대한 모든 것을 알았던 건 분명 아니야. 게다가 마음에 관해서도 모든 걸 알지는 못했을걸. 그러니 혼란에 빠질 수밖에! 우리도 마찬가지고 말이야!

포넨스 그래, 아르노도 바로 그걸 지적했어. 이 문제가 데카르트 논증의 치명적 약점이라고들 하지. 분명히 딜레마야. 맑고 또렷하게 생각하기에 대한 기준을 높게 잡으면, 정말로 맑고 또렷하게 생각하고 있는지를 확신할 수 없게 돼. 그러면 데카르트의 첫 번째 전제, 즉 몸 없이 존재하는 마음을 상상하기와 그 역에 관한 전제를 받아들일 수 없지. 반대로 기준을 낮게 잡으면, 상상가능성conceivability과 가능성possibility을 잇는 두 번째 전제가 아르노의 반론과 같은 반례에 부딪히고 말아.

누스 그럼 이제 데카르트의 논증은 헛소리가 된 거야?

톨렌스 그런 듯하군, 누스 군.

포넨스	좀 손볼 수 있을 것도 같지만, 상상가능성 원리를 아르노의 딜레마에서 구출하는 건 데카르트가 할 일이지.
누스	난 못할 것 같아. 젠장. 진심으로 영혼을 믿고 싶었는데. 어머니가 노발대발하겠네.
포넨스	기다려봐, 누스. 영혼의 존재를 증명하는 논증 하나가 실패했다는 이유만으로 영혼의 존재를 부정할 필요는 없어.
톨렌스	하지만 터무니없는 건 믿지 말아야지.
누스	터무니없다고? 영혼을 믿는 게 왜 터무니없어?
톨렌스	영혼은 공간 안에 있지 않지만, 성격과 욕구가 있고 생각하는 무언가야, 맞지?
누스	글쎄, 공간 안에 없다고?
톨렌스	아니라면 크기를 말해봐.
누스	음……
톨렌스	식빵보다 커?
누스	에이, 그런 게 아니지. 영혼은 삼차원이 아니야.
톨렌스	그럼 이차원이란 거야? 선처럼? 곡선, 직선?
누스	이차원도 아닌 것 같아.
톨렌스	그럼 기하학적 점이야?
누스	알았어, 영혼은 비공간적이야.
톨렌스	그렇다면 비공간적인 것에 네 생각, 기억, 심적인 것이 전부 있다는 말이야?

누스　　물론이지.

톨렌스　　공간 안에 있지 않다면, 보이지 않는다는 건데.

누스　　음, 내면을 들여다봐야지.

톨렌스　　데카르트가 좋아한 여성들처럼 되면 어쩌려고.

누스　　뭐라고?

포넨스　　내버려둬, 누스. 그런데 네가 인정한 바에 의하면, 우린 영혼을 볼 수 없고 영혼의 소리도 들을 수 없어.

누스　　맞아. 그래서 "내면을 들여다봐야지"라고 한 거야.

포넨스　　그런데 누스, 너는 내면에서 영혼 같은 걸 찾을 수 있어? 눈을 감고 집중해봐. 아마 도서관 바닥에서 자느라 생긴 요통이 있겠고, 이런저런 생각도 있겠지. 하지만 그런 고통과 생각을 갖는 개체entity도 찾을 수 있을까?

누스　　기다려봐. 찾는 중이야.

포넨스　　데이비드 흄이 그런 것은 없다고 했는데, 많은 철학자가 이에 동의했어. 유명한 주장이지. 아까 데카르트의 『성찰』을 찾을 때, 흄의 명저 『인간 본성에 관한 논고A Trea-tise of Human Nature』도 집어 왔어. 흄의 글을 읽어보자.

내 자아를 반성할 때, 나는 하나 이상의 지각이 없는 자아를 결코 지각할 수 없으며, 지각 이외의 어떤 것도 결코 지각할 수 없다. 그러므로, 자아를 이루는 것은 지각들의 집합이다.

누스   불교도들의 명상록 같네.

포넨스   맞아. 흄이 불교의 자아관을 알았다면 공감했을 거야.

누스   하지만 뭔가를 찾을 수 없다고 해서 그것이 존재하지 않는다고 할 수는 없어.

톨렌스   뒤를 봐! 코뿔소다!

누스가 깜짝 놀라 뒤를 돌아봤다가 천천히 고개를 되돌린다.

누스   아무것도 없잖아…… 좋아, 무슨 뜻인지는 알겠어. 하지만, 그래도 영혼이 존재한다는 신념은 품을 수 있어.

포넨스   네 말이 맞아. 그리고 누군가 나타나서 데카르트의 논증을 개선할지도 모른다는 점을 명심해. 그렇게 되면 신념에 매달릴 필요가 없겠지. 하지만 영혼을 믿는 데는 다른 문제가 있어.

누스   저런. 어머니가 정말 언짢아하실 텐데.

톨렌스   이미 충분히 언짢으실 것 같은데. 아들이 도서관에서 자는 걸 모르셔?

포넨스   누스, 톨렌스의 말은 신경 쓰지 마. 보헤미아의 엘리자베스 공주가 데카르트에게 편지를 보내서 한 가지 문제를 지적했어.

톨렌스   왕족이 골치 아픈 철학을 했다고? 정말?

포넨스   사실이야. 굉장히 똑똑한 여성이었지. 공주의 비판은 이렇게 요약할 수 있어. '영혼이 비공간적이라면, 영혼은 일반적인 예상과 달리 밀고 당기는 작용을 할 수 없

을 것이다.'

누스   밀고 당기기?

포넨스   마음에 대한 견해 가운데 무엇이 참이 됐건, 마음이 몸과 상호작용한다는 건 명백해. 예를 들어, 택시를 잡고 싶은 욕구는 네가 팔을 들어 올리게 만들지. 또 택시에 치이는 사건은 너로 하여금 엄청난 고통을 느끼게 하고, 병원에 가고 싶어지도록 만들어. 내 성대에서 나온 음파는 네 고막에 영향을 미쳐서 새로운 생각을 하게 만들고. 요컨대 뇌 상태, 고막 진동, 행동 같은 신체 현상이 고통, 욕구, 생각 같은 심적 현상을 일으킨다는 말이야. 반대로 심적 현상도 신체 현상을 일으키지. 이 주장을 부정하면, 사실상 영혼과 물리세계 사이의 연결성을 완전히 끊어버리는 꼴이 돼.

누스   알겠어. 그런데 왜 영혼이 밀고 당기는 작용을 할 수 없다는 거야?

톨렌스   난 공주의 주장을 이해했어. 서고 끝에 있는 화장실 보이지? 남자 화장실 안에서 여자 화장실 변기의 물을 내릴 수 있을까?

누스   글쎄, 불가능할 것 같은데.

톨렌스   그렇지, 물을 내리려면 그 행동을 할 장소에 들어가 있어야 하니까. 여자 변기의 손잡이를 당기려면 여자 화장실 안에 있어야 해.

누스 아, 아니다, 방법이 있어. 여자 변기 손잡이에 줄을 묶어 놓은 다음, 남자 화장실 안에서 당기는 거야!

톨렌스 요점을 놓쳤군. 넌 여전히 손잡이에 공간적으로 닿아 있는 뭔가에 공간적으로 접촉해야 해. 그러려면 넌 공간 안에 있어야 하지. 하지만 영혼은 공간 안에 없어! 영혼은 삼차원으로 된 줄을 당길 수 없다고! 영혼은 물리적인 것으로부터 공간적·인과적으로 격리되어 있으니까.

누스 알았어. 밀고 당기려면 공간을 차지하고 공간 안에서 움직여야 한다. 그런데 영혼은 공간을 차지하지 않고 공간 안에서 움직이지 않으므로, 밀거나 당기는 작용을 할 수 없다는 거네.

톨렌스 웬일이야, 누스가 알아들었어!

누스 하지만 원격 제어를 한다면? 어떤 화장실에서는 레이저 장치가 사람이 멀어지는 걸 감지해서 물을 내리잖아. 손댈 필요조차 없이. 그렇다면 모든 사건이 밀고 당기는 작용으로만 일어나는 건 아니잖아?

포넨스 자석도 있지.

누스 자석으로 어떻게 변기 물을 내려?

톨렌스 밀고 당기려면 물리적 접촉이 있어야 하지만, 자기장에는 그런 접촉이 필요 없다는 말을 하는 것 같은데.

누스 아, 그렇군.

포넨스 그래, 내가 말했던 밀고 당기기 반론은 접촉 역학을 가정하고 있어. 원격 작용은 많은 사람이 강력히 거부하다가 뉴턴 시대에 와서야 받아들였지.

톨렌스 하지만 기본적인 문제는 변하지 않아. 원격 작용이 가능하려면, 마찬가지로 행위 주체와 영향을 받는 대상이 둘 다 공간 안에 있어야 해. 원격 작용은 먼 거리 작용일 뿐이고, 공간 안에 있는 두 대상만이 서로 거리를 둘 수 있어. 자기장과 같은 것은 공간적인 범위 안에 있지. 그러니까 이 경우에도 인과 개념은 공간적 위치와 밀접하게 얽혀 있어.

포넨스 맞아. 영혼을 믿는 사람은 이 문제를 피해갈 수 없어. 비물리적면서 동시에 물리세계와 인과적으로 연결된 개체가 존재하길 바라는 건, 케이크를 간직하면서 동시에 먹으려고 하는 것과 같아.

톨렌스 흠, 영혼 케이크라.

누스 인과가 문제가 된다는 건 인정해. 하지만 현재까지 인간이 발견한 인과가 전부 물리적 현상이라는 이유만으로 영혼이 물리세계에서 인과적으로 무력하다고 단정지을 수는 없어.

톨렌스 그럼 마법을 믿든가. 마음대로 해.

누스 맘껏 비웃어. 어차피 난 신경 안 쓰니까.

포넨스 누스, 톨렌스 말에 일리가 있어. 네가 생각하는 인과는 기존의 인과 개념과 완전히 달라서 '마법'이라고 해도 전혀 이상하지 않아.

누스 어째서?

포넨스 왜냐면 공간관계는 물리적 인과 개념과 얽혀 있거든. 이를테면, 포켓볼을 칠 때 어떤 공이 8번 공을 때렸는지 알 수 있는 까닭은 공의 공간적 위치를 봤기 때문이야. 가령, 트위들디와 트위들덤이라는 두 영혼이 있는데, 몸은 하나뿐이라고 해보자. 트위들디와 트위들덤이 동시에 팔을 들어 올리고 싶어. 그리고 팔이 올라갔어. 어느 영혼이 팔을 움직였을까? 몸 안에 있는 영혼이라고 대답할 수는 없어. 어떤 것 안에 있음은 공간적 개념이니까. 어떤 것 가까이 있음, 어떤 것 옆에 있음 등등도 마찬가지야. 문제는 영혼이 공간적이지 않다면, 이 영혼이 아닌 저 영혼이 팔을 움직였다고 말할 근거가 없다는 거야. 누스, 한 영혼이 어떻게 특정한 몸과 연결될 수 있는지를 알기란 어렵다는 걸 알겠지? 누스?

누스가 코를 골며 몸을 뒤척인다.

포넨스 이런.

톨렌스 불쌍한 영혼이 고단했군.

포넨스 나도 마찬가지야. 오늘은 여기까지 하자.

톨렌스 그래, 난 내일 중요한 일이 있거든.

포넨스 정말? 뭔데?

톨렌스   일어나서 다시 자야 해.

포넨스   딱한 녀석. 잘 자.

톨렌스   너도.

화요일 밤

장면: 도서관 어두운 구석에 포넨스와 톨렌스가 큰대자로 누워 있다. 시트콤 등장인물한테나 어울릴 법한 옷차림이다. 먼지투성이 책에 코트를 포개 머리를 받치고 있다.

톨렌스   지미는 어디 있지? 오늘 밤엔 안 보이네.

포넨스   당연하지. 어젯밤에 네가 그렇게 몰아붙였으니.

톨렌스   저런, 논쟁의 열기를 감당할 수 없으면 도서관에서 나가야지. 이제 적어도 영혼 얘기 들을 일은 없겠네.

포넨스   어떤 견해든 옹호자가 있는 법이야.

톨렌스   난 네가 누스 편을 들 줄 알았는데 아니더라. 아무튼, 어제 넌 신경과학의 한계, 즉 신경과학이 마음에 대해서 뭔가 놓치고 있다는 걸 말하는 중이었지?

포넨스   응.

톨렌스   하지만 넌 비물질적 영혼을 믿지 않잖아. 그럼 신경과학이 뭘 놓치고 있다는 거지?

포넨스   의식이 존재하는 이유.

500번 서가 언저리에서 "아!" 소리가 난다.

포넨스   실례지만, 거기 누구 있나요?

통로 사이로 하얀 코트를 입은 여성이 바퀴 달린 의자를 타고 나타난다. 여성은 발로 의자를 굴리며 포넨스와 톨렌스가 있는 구석으로 향한다.

톨렌스   와! 도서관 야간 거주민이 또 있네!

벨라*   난 세라야. 세라 벨라. 만나서 반가워.

포넨스   난 포넨스고, 이 친구는 톨렌스야.

벨라   그게 성이니? 아니면 이름?

톨렌스   성이야.

벨라   이름은?

포넨스   우린 이름이 같아. 둘 다 모두스Modus야. 사람 헷갈리
         게 하기 딱 좋지.

톨렌스   이상하네. 어째서 세라를 한 번도 못 봤을까? 우린 여
         기 자주 오는데.

벨라   이 구역은 너희처럼 악취를 풍기는 사람끼리 어울리는
         곳이니?

톨렌스   미안. 행정실에 샤워실 사용 신청서를 내고 싶지만, 무
         단으로 거주하는 처지라서.

벨라   괜찮아. 난 보통 과학 도서관에 머무는데 오늘은 폐관
         시간을 못 맞췄어. 그건 그렇고, 듣자 하니 너희 중 한

* bella, 라틴어로 아름다움과 전쟁을 뜻한다.

사람이 과학을 깔보는 것 같던데.

톨렌스가 포넨스를 가리키며 손가락을 귀 옆에서 빙글빙글 돌린다.

포넨스   난 신경과학이나 마음에 관한 여타 과학을 반박하지 않았어. 그저 의식을 객관적이며 물리적인 과학으로 완전히 설명할 수는 없다는 말을 한 것뿐이야.

벨라   의식이라. 정확히 뭘 의미하는 거야? 인지cognition를 가리키는 거라면, 과학이 뭔가를 놓치고 있다는 말은 받아들일 수 없어. 과학자들은 사실상 이미 생각하는 기계를 만들었고, 그게 바로 **컴퓨터**야. 1997년에 디프블루가 인류 역사상 최고의 체스 선수인 가리 카스파로프를 이겼어. 그리고 딥블루도 최근에 개발된 프로그램에는 상대가 안 되지. 독창적인 음악을 작곡하는 프로그램도 있는데, 전문가조차도 그 작품을 감수성이 충만한 작곡가가 창작한 숨은 걸작과 구별하지 못해. 비디오게임에서도 '봇bot'은 추론, 대화, 기억을 할 수 있고, 평범한 인간 게이머를 쉽게 이겨. 게다가······

톨렌스   아이고, 선생님! 잘 알겠습니다. 우리도 그 정도는 알아. 하지만 컴퓨터는 복잡하고 무의식적인 자동 기계에 불과한 거 아니겠어?

벨라   그럼 비교해보자. 자동 기계라는 것이 체스를 두고, 음악을 작곡해. 그리고 너희는······ 너희는 정확히 뭘 하면서 시간을 보내는데?

포넨스/톨렌스 음……

벨라　　내가 장담하는데, 머지않아 우리는 '의식'에 대한 이야기가 사실은 헛소리였다는 사실을 알게 될 거야. 인간의 마음에 특별하고 고유한 뭔가가 있다는 느낌을 지키기 위해 퍼뜨린 헛소리 말이야. 이런 헛소리를 물리치는 데는 과학이 최고지.

포넨스　　네 주장에도 일리가 있긴 하지만 좀 성급한 것 같아. 구별해야 할 게 좀 있거든……

톨렌스　　맙소사, 드디어 구별이 시작됐어.

포넨스　　음, 아기와 목욕물은 구별해야지. 둘을 같이 버리면 안 돼.

벨라　　뭔 소리야? 아기 얘기가 왜 나와?

포넨스　　그냥 비유를 든 거야. 우리는 인지, 즉 사고, 믿음, 추론 등에 대해 의견이 거의 일치해. 그리고 난 과학자들이 생각하는 컴퓨터를 만들 수 있다는 데 동의해. 아직 못 만들었다면 말이야.

벨라　　그렇고말고. 더 얘기할 게 있어?

포넨스　　의식! 고통을 느낄 때나, 물에 젖은 강아지의 냄새를 맡을 때, 빨간색을 볼 때를 떠올려 봐. 이런 경험 각각에는 독특한 질적 느낌felt quality이 있어. 이렇게 특정한 질적 느낌이 있는 경험은 말할 것도 없고, 두뇌 작용에서 의식 경험이 발생하는 까닭을 어떻게 신경과학으로 설명할 수 있다는 거지?

벨라 사고와 경험이 뭐가 그렇게 다르다는 거야? 여기에 진짜 문제가 있다면, 뇌에서 어떻게 사고가 발생하는지를 설명할 때도 문제가 돼야 하는 거 아니야?

포넨스 순수한 인지 상태는 정보 저장과 처리에 관한 거야. 의식을 제외한다면, 마음이 정보를 어떻게 저장하고 처리하는지 인지과학으로 완전히 설명할 수 있겠지. 예를 들어, 언어학자는 우리가 어떻게 문장을 문법적으로 분석하는지에 대한 이론, 즉 우리가 어떻게 주어, 목적어, 동사를 식별하는지에 대한 이론을 세워. 그리고 신경과학자는 근본적인 뇌 메커니즘을 탐구하지.

톨렌스 와, 과학자들이 그걸 다 알아냈단 말이야?

포넨스 아니, 아직 갈 길이 멀어. 하지만 언어를 이해하고 만들어내는 방식 가운데 어떤 측면은 많이 밝혀냈고, 연구를 계속 진척하고 있지. 결국에는 인지과학의 방법을 사용해서 마음이 작동하는 방식을 남김없이 설명할 수 있을 거야.

톨렌스 그렇게 자신하는 이유를 모르겠네. 인지의 어떤 측면은 쉽게 설명할 수 있겠지만, 어떤 측면은 그럴 수 없을 것 같은데.

포넨스 좋은 지적이야. 또 다른 예로 지각과 같이 대상에 대해서about 생각함을 가리키는 심적 표상mental representation이 있지. 인지과학에서는 상당히 근본적인 개념이야. 일부 철학자는 심적 표상이 본질적으로 의식에 의존한다고 주장해. 논란이 있는 주장이지만, 일단 옳다고 가정한다면, 인지과학으로는 사고조차 완전히 설명할 수 없게 되겠지.

톨렌스   그렇겠네.

포넨스   하지만 이 문제를 제쳐놓는다면, 낙관론을 펼칠 근거가 있어. 한 인지 상태의 본성은 주로 행동이나 다른 인지 상태와의 인과관계로 규정되거든.

톨렌스   이해가 안 돼.

포넨스   그럼 가정을 하나 해보자. 어떤 여성이 외출하기 전에 "비가 오네"라고 말하고 나서 우산을 집어 들어. 소풍 계획을 취소하고 이렇게 혼잣말을 하지. "비가 계속 오면 도로가 미끄럽겠는걸." 그렇다면 우리는 충분한 근거를 가지고 이 여성이 비가 온다는 것을 믿는다고 결론 내릴 수 있을 거야, 그렇지?

톨렌스   물론이지.

포넨스   좋아. 그러면 어떤 사람이 술을 몹시 좋아하는지 아닌지는 어떻게 알 수 있을까? 직접 물어보면 되겠지. 아니면 그가 술집만 보면 그냥 지나치질 못하고, 한잔하자는 말만 들으면 반색하는 모습을 관찰해도 될 거야. 그러면 반려견 피피가 날 기억한다고 말할 수 있는 이유는 뭘까?

톨렌스   피피?

포넨스   그냥 가상의 예를 든 거야.

톨렌스   왜 하필 피피야?

포넨스   피피가 어때서. 아무튼, 내가 현관에 들어설 때 피피가 나를 기억한다고 말할 수 있는 근거는 뭘까? 피피가 날 반기며 꼬리를 흔들고, 짖지 않기 때문이잖아. 또 밥그릇으로 달려가는 행동을 보면, 나에 대한 기억과 먹이에 대한 욕구, 내가 먹이를 줄 거라는 믿음이 연결되어 있음을 알 수 있어.

톨렌스   그런 건 나도 알아. 요점이 뭔데?

포넨스   믿음과 욕구와 다른 인지 상태가 서로 밀접히 연관된다는 것, 그리고 이것들이 행동과 밀접히 연관된다는 것이지. 누군가가 비가 온다고 믿을 때 전형적으로 하는 행동을 전혀 하지 않고, 비가 온다는 믿음과 연관되는 심적 상태, 이를테면 땅이 젖을 것이라는 믿음과 같은 심적 상태를 전혀 갖지 않는다고 해봐. 그러면 우리는 충분한 근거를 가지고, 그 사람은 비가 온다는 사실을 믿지 않는다고 말할 수 있어.

톨렌스   우리가 어떻게 다른 사람의 인지 상태를 아는지에 대해 말하는 거야? 그건 지식에 관한 문제잖아?

포넨스   아니, 난 인지의 본성을 드러내려는 거야. 인지의 본성에서 핵심은 인지 상태와 행동의 연관성, 그리고 인지 상태와 다른 인지 상태의 연관성이야. 인지과학의 방법은 이런 연관성을 설명하기에 알맞지. 인지 상태는 기능적 용어functional terms로 규정할 수 있어.

톨렌스　기능적 용어?

포넨스　그래. 유기체의 인지활동 내에서 인지 상태가 담당하는 역할을 가리키는 용어를 말하는 거야. 심리학이나 언어학과 같은 인지과학의 분과에서 이런 역할을 설명할 수 있어. 이를테면, 우리가 문장을 문법적으로 분석하는 방법에 대한 언어학 이론이 있지. 신경과학, 아니면 다른 과학을 보탠 신경과학은 근본적인 메커니즘, 즉 뇌의 상태와 작용이 관련된 행동을 낳는 메커니즘을 설명할 수 있을 거야. 게다가 이런 과학은 다양한 상태 간의 연관성을 설명할 수도 있지.

톨렌스　좋아. 인지가 상태와 행동 사이의 기능관계로 규정된다면, 원리적으로 인지과학은 인지가 작동하는 방식을 설명할 수 있을 거라는 말이군. 하지만 의식도 행동 및 다양한 다른 인지 상태와 밀접하게 연관되는 거 아니야? 어젯밤에 그런 얘기를 했잖아. 고통을 느끼면, 비명을 지르게 되고, 고통을 일으키는 것을 피하게 되고 등등. 뭐 그런 식 아니었어?

포넨스　대충 그런 식이지. 하지만 그런 경향이 곧 고통이라고 할 수 있을까? 아닐걸. 고통의 질적 느낌은 고통의 전형적 원인과 결과, 그리고 고통과 다른 심적 상태와의 관계를 넘어서는 무엇이야. 믿음과 욕구 같은 인지 상태는 기능적이고 물리적인 용어로 완전히 설명할 수 있겠지. 인지 상태가 어떻게 정보를 저장하고 행동을 일으키는지만 설명하면, 인지에 관해서는 할 말 다 했다고 봐도 돼. 하지만 이런 식의 기술로는 고통을 느낀다는 것이 어떤 것인지를 포착할 방법이 없어. 고통에는 어떤 상태를 일으키고 다른 상태의 영향을 받는 경향이 있을 뿐만 아니라, 어떤 느낌도 있거든.

벨라   지금 뭔가 심각하게 혼동하고 있는 것 같은데, 일단은 가장 명백한 오류부터 짚어주지.

톨렌스   오! 이런 걸 기다렸어! 포넨스, 넌 오늘 잠 다 잤다!

벨라   넌 의식의 개념을 혼동하고 있어. 뭔가를 의식한다는 건 그저 그걸 인식한다be aware of는 뜻이야. 가령, "난 도서관 구석에서 풍기는 퀴퀴한 냄새를 의식한다"고 할 때처럼 말이야. 넌 컴퓨터가 사물을 인식할 수 있다는 데 동의할 거야. 그렇다면, 슈퍼마켓의 미닫이문이 열리는 이유는 미닫이문이 문 앞에 누군가 있다는 걸 인식했기 때문이지. 그리고 과학 도서관의 에어컨이 켜지는 이유는 온도조절기가 도서관 온도가 13도를 넘었다는 걸 인식했기 때문이고.

톨렌스	13도?
벨라	과학자들은 선선한 걸 좋아해.
포넨스	세라, '의식'이란 용어가 단지 뭔가를 인식함을 뜻할 때가 있다는 건 나도 인정해. 온도조절기와 미닫이문, 컴퓨터는 그런 의미에서 의식적이지. 그런 의미에서라면, 컴퓨터는 심지어 자의식을 갖는다고 할 수도 있어. 이를테면, 컴퓨터가 오류를 찾기 위해 자기 하드드라이브를 검사할 때 말이야. 하지만 네가 든 사례들은 또 다른 의식 개념이 있음을 암시해. 온도조절기는 분자 운동에너지의 존재를 인식하지만 경험을 하지는 않아. 따뜻함과 차가움을 느끼진 않는다는 말이지. 마이크로프로세서가 과열될 때, 컴퓨터가 일자리를 못 구하는 실직자처럼 느낄까? 컴퓨터가 뭐라도 느끼긴 할까? 자기 점검을 포함한 컴퓨터의 활동에 느낌이 따라다닐까? 난 의심스러운걸.
벨라	네가 말하는 차이는 그저 복잡함의 문제에 불과해. 인식에 다른 종류의 현상을 추가해야 하는 문제는 아니야.
포넨스	내 생각엔 추가적인 뭔가가 있어. 그럼 네가 그렇게 아끼는 과학책에서 예를 가져와볼게. 신경과학자들은 '맹시blind-sight'라는 걸 발견했어.
톨렌스	'맹시'라니 모순 같은데.
포넨스	하지만 실제로 있는 질환이야. 뇌 손상 환자 가운데 어

떤 이들은 앞이 보이지 않는다고 주장하지만, 실험자가 유도하면 시각 정보를 분명히 받아들이고 있다는 징후를 보여주지. 일반적인 시감각에는 없는 정보를 말이야. 예를 들어, 실험자가 맹시 환자의 눈앞에 손가락을 보여주면서 몇 개가 보이냐고 물어보면, 환자는 아무것도 안 보인다고 대답해. 하지만 추측을 하도록 유도하면, 환자는 종종 정답을 맞혀. 찍어서 맞힐 수 있는 것보다 훨씬 더 높은 점수를 기록하지. 다른 실험에서는 피험자가 자신이 보지 못한다고 주장하는 물건이 어디에 있는지 말해야 하는데, 이 실험에서도 맹시 환자는 놀라울 만큼 위치를 잘 맞혀. 아무것도 안 보인다고 하면서 말이야!

톨렌스　그래서 이것이 입증하는 바는……

포넨스　결론은 논란의 여지가 있어. 하지만 다수의 학자에 따르면, 이 실험은 시각 경험 없는 시각 인식이 가능함을 보여주지. 이 주장이 옳다면, 우리는 인식적 의식과 경험적 의식을 구별해야 해. 그리고 이 구별이 정당하다면, 물리과정에서 어떻게 인식이 생기는지를 설명한다고 해도, 물리과정에서 어떻게 경험이 생기는지를 설명하는 데는 도움이 되지 않을 수 있어.

벨라　맹시 실험을 공부해야겠군.

포넨스　날 못 믿겠다는 거야?

벨라   맹시의 존재는 의심하지 않아. 하지만 세부 사항이 중요할 수도 있으니까. 아무튼, 네 스스로 맹시라는 장애가 뇌 손상 때문이라고 말했어. 그러니까 맹시 환자가 결여하고 있는 건 뭔가 신비하고 비물리적인 속성이 아니야. 그들의 결함은 신경과학 용어로 전부 설명할 수 있어.

포넨스   맞아. 뇌 상태가 의식의 토대라는 사실, 또는 뇌 손상의 결과로 의식하는 능력을 상실할 수 있다는 사실은 나도 의심하지 않아. 하지만 그렇다고 해서, 뇌 상태에 주관적 경험이 딸려 있는 이유를 신경과학으로 완전히 설명할 수 있다고 할 수는 없어. 뇌 상태에 이런저런 종류의 경험이 딸려 있는 이유를 설명 못 하는 건 말할 것도 없고.

벨라   뭔 소린지 모르겠어. 그렇지만 내 탓은 아니라고 봐. 난 이제 내 자리로 돌아갈래.

포넨스   기다려봐. 알아듣게 얘기할 수 있으니.

톨렌스   그래, 세라, 가지 마! 수다쟁이 철학자 옆에 날 혼자 두지 마!

벨라   알았어. 대신 명료하게 말해.

포넨스   1970년대에 토머스 네이글이 쓴 논문 「박쥐가 된다는 건 어떤 느낌일까?」를 보면 도움이 될 거야.

톨렌스   1970년대? 어제는 데카르트의 논증에 대해 이야기했잖아. 17세기에서 20세기 후반으로 건너뛰자는 거야! 그사이에는 무슨 일이 있었는데?

포넨스 어디 보자. 다윈이『종의 기원The Origin of Species』을 썼지. 비틀스가 시스타디움에서 공연했고, 전쟁도 몇 번 일어난 것 같고.

톨렌스 하하하. 내가 무슨 말을 할지 짐작이 가지? 3세기 넘게 의식과 물리세계 연구에 진전이 없었단 말이야?

포넨스 물론 있었지! 그 기간에도 엄청나게 발전했어. 하지만 여기서 밤을 새울 작정이 아니라면……

톨렌스 음, 난 여기서 밤을 새울 거야.

벨라 난 싫어. 짧게 얘기해봐.

포넨스 좋아, 짧게. 계몽주의 이전에는 물리현상과 물리현상이 인간의 마음에 미치는 영향을 뚜렷하게 구별하지 않았어. 예컨대, 중세 학자들은 온도의 특징을 부분적으로 심리학 용어를 사용해 나타내곤 했지. 그런데 데카르트와 다른 계몽주의 사람들은 새로운 접근법을 택했어. 이들은 물리세계를 전적으로 비非심적nonmental이며 기계적인 용어로 기술했어. 이제 온도를 이해하는 데 우리 느낌을 들먹일 필요가 전혀 없어진 거지. 그 대신 온도를 완전히 객관적이고 물리적인 현상으로 파악했어. 물리세계의 작동 방식을 마음의 작동 방식에서 분리한 이 접근법으로 인해 지식이 전례 없이 놀라운 방식으로 발전한 거야.

톨렌스   잠깐만. 데카르트가 물리적인 것이 마음에 어떻게 영
         향을 미치는지를 무시했다고?

포넨스   아니, 하지만 심적 현상을 독립된 비물리적 영역으로
         내쫓았지. 데카르트는 이 영역을 연장성이 있는 물질로
         구성된 물리적 영역과 뚜렷이 구별했어. 그리고 물리
         현상을 탐구할 때 사용하는 객관적 접근법을 심적 현
         상에는 적용할 수 없다고 생각했지.

벨라   그건 데카르트가 틀린 것 같은데.

포넨스   많은 사람이 그렇게 생각해. 인간은 객관적 접근법을
         사용해서 물리세계를 엄청나게 많이 이해했어. 그러니
         까 같은 방법을 마음을 연구할 때도 적용하려 하는 건
         자연스러운 일이지. 실제로도 그렇게 했고. 현대 언어학
         과 현대 심리학, 그리고 '인지과학'이라는 범주에 속하
         는 다양한 학문에서 그런 작업을 했어. 그 결과로 우리
         는 마음의 작동 방식을 많이 알게 됐지. 아마도 데카르
         트가 상상했을 바를 뛰어넘을 정도로 말이야.

벨라   놀라운데! 실제로 과학을 사용해서 마음을 이해하게
         됐다니!

포넨스   사실이야. 이제는 거의 모두가 인정하고 있지. 일부 철
         학자는 이 발상을 더 밀어붙였어. 마음을 과학적으로
         탐구할 수 있다는 데 그치지 않고, 마음이란 물리학으

로 기술하는 세계, 즉 물리세계의 일부일 뿐이라고 주장했어. 이 주장이 물리주의physicalism의 귀결이야.

톨렌스 물리주의하고 유물론materialism은 같은 거야?

포넨스 맞아, 같은 견해야. 심적 현상을 비롯한 모든 것이 물리적이라는 견해지. 모든 정보가 물리적 정보이고, 모든 사실이 물리적 사실이며, 모든 속성이 물리적 속성이라는 거야. 다시 말해, 물리세계가 세계의 전부라는 말이지. 현재는 이 견해가 널리 인정받지만, 항상 그랬던 건 아니야. 데카르트 시대와 그 이후 3세기 동안은 이 견해를 거부하는 게 일반적이었지. 하지만 20세기 중반에 이르러서는 물리주의가 일반적인 견해가 됐어. 적어도 영미 철학에서는 말이야. 그리고 이 흐름이 오늘날까지 이어지고 있지.

벨라 당연히 그래야지!

포넨스 뭐 그럴지도. 그런데 이 이야기에는 또 다른 측면이 있어. 데카르트가 마음을 독립된 비물리적 영역으로 내쫓았던 부분적 이유는 마음을 객관적·기계론적인 접근법으로 다루기 힘들었기 때문이야. 존 로크의 말마따나, 운동이 얼마나 빠르고 복잡하건 간에, 물질의 운동으로는 뜨거움이라는 감각을, 즉 뜨거움이라는 감각이 발생하는 이유와 뜨거움이 그렇게 느껴지는 이유를 설명할 수 없어.

톨렌스 맞는 말이네.

포넨스 데카르트는 세계를 물리적 영역과 비물리적 영역으로 나눴지만, 많은 20세기 철학자가 이 구분을 거부해. 하지만 기존의 문제는 여전히 풀리지 않지. 마음이 물리적 영역 안에 있든 밖에 있든, 어떻게 뜨거운 감각과 같은 주관적 경험을 객관적이고 물리적인 용어로 완전히 설명할 수 있을지 알기 어렵단 말이야. '물질의 운동' 문제는 여전히 풀리지 않지.

벨라 하지만 아무도 뜨거운 감각을 그저 물질의 운동이라고 한 적 없어. 적어도 옛날식 물질의 운동이라고는. 감각은 두뇌 작용이야. 두뇌 작용은 전기 화학 변화를 포함하지.

포넨스 감각을 두뇌 작용이라고 해도 같은 문제가 발생해.

벨라 어째서?

톨렌스 포넨스의 주장은 과학이 마음을 다룰 때, 모든 것을 객관적 용어로 완전히 설명할 수 있다고 가정한다는 말이야. 이 가정을 하면, 의식을 설명할 때 문제가 발생할 수밖에 없어. 의식 자체가 환원 불가능한 주관적 현상이니까. 데카르트는 이 문제를 피하고자 심적인 것을 비물리적 영역에 넣어서 의식을 객관적 과학의 범위에서 제거했지. 하지만 물리주의자는 데카르트의 이원론을 거부하기 때문에 데카르트의 선례를 따를 수 없어.

결국, 물리주의자는 데카르트와 계몽주의자들이 제쳐 놓았던 문제를 맞닥뜨리게 돼 있지.

포넨스 빙고. 바로 그게 네이글의 주장이야.

벨라 그 논증이 옳다고 여기는 건 그저 네가 일반적인 수준에서 생각하기 때문이야. 넌 과학을 잘 몰라.

포넨스 잠깐만, 네이글의 논증은 아직 설명하지도 않았잖아. 난 역사적 배경을 기술했을 뿐이야.

벨라 그럼 어디 들어보자. 무슨 박쥐 어쩌고 하는 논문이라고 했지?

포넨스 「박쥐가 된다는 건 어떤 느낌일까?」

톨렌스 맞다. 네이글이 박쥐 이야기를 하는 이유는 뭐야?

포넨스 요점은 박쥐가 우리에게 없는 감각 방식으로 세계를 감각한다는 거야.

톨렌스 반향정위echolocation.

포넨스 그래. 박쥐는 일종의 음파탐지기를 타고나. 찍찍거리는 고음을 낸 다음 사물에 반사된 음파를 감지하지. 그리고 이 능력으로 사물의 위치를 알아내. 이것이 박쥐가 주변 환경으로부터 길을 찾는 방법이야.

벨라 알았어. 그래서?

포넨스 생물학과 신경과학으로 박쥐의 반향정위를 적잖이 설명할 수 있어. 어떻게 음파를 내는지, 어떻게 반사된 음파로 사물의 정보를 받아들이고 저장하는지, 어떻게 그 정보를 사용해서 나무 주위의 모기와 파리를 사냥하는지 등을. 하지만 이런 식으로 우리가 알아낼 수 없는 뭔가가 있어. 바로 박쥐가 반향정위를 한다는 것이 어떤 느낌인지는 알아낼 수 없다는 거야. 네이글의 논문 제목 「박쥐가 된다는 건 어떤 느낌일까?」에 답할 수 없단 말이지. 마찬가지로, 인간의 인지가 어떻게 작동하는지와 우리가 어떻게 사탕 가게로 가는 길을 찾는지는 인지과학으로 설명할 수 있어. 하지만 초콜릿을 먹는다는 게 어떤 느낌인지는 설명할 수 없을 거야. 적어도 표준적인 방법으로는 안 돼.

톨렌스 포넨스, 거기서 잠깐. 박쥐가 반향정위 정보를 처리할 때 두뇌의 어느 부위를 사용하는지 알아내면, 박쥐가 된다는 것이 어떤 느낌인지를 아는 데 도움이 될 것 같은데. 가령, 반향정위를 할 때 활성화되는 부위가 우리의 시각과 청각 피질에 어느 정도 대응한다는 걸 알아냈다고 가정해봐. 이 가정은 반향정위가 청각과 시각의 조합과 비슷한 느낌이라는 가설을 뒷받침하는 거 아니겠어.

포넨스 그렇게 간단하지 않을걸. 네 가설이 참이라고 해도, 우리가 어떤 식으로 반향정위의 느낌을 알게 되는지를 생각해봐. 일단 우리에게 익숙한 경험인 청각과 시각에서 시작한 다음, 상상을 통해 우리 자신을 박쥐의 상황에

두는 거잖아. 요컨대, 우리는 박쥐의 관점에 서려고 시
도하는 거야.

톨렌스 그게 왜 문제가 돼?

포넨스 반향정위를 하는 것이 어떤 느낌인지 알아내기 위해,
객관적 과학이 아닌 우리의 주관적 경험에 의존하려는
거니까. 어쨌든, 네 가설은 미심쩍어. 한 번도 경험해보
지 못한 느낌을 상상할 수 있다는 건 인정해. 난 프레
첼에 케첩을 발라 먹어본 적 없어. 그래도 분명 그 맛
의 조합이 어떤 느낌일지 상상할 수 있지. 두 가지를 따
로따로 먹어봤으니까. 하지만 이런 방식이 통하지 않을
때가 있는데, 박쥐 사례가 바로 그런 경우야. 네이글이
박쥐를 예로 든 이유는 박쥐가 우리와는 다른 방식으
로, 너무나 달라서 우리가 상상할 수조차 없는 방식으
로 세계를 경험하기 때문이야.

톨렌스 네이글이 그걸 어떻게 알아?

포넨스 모르지. 네이글은 지식에 근거해서 추측한 거야. 박쥐
와 우리 사이의 행동적·해부학적 차이에 기초해서. 어
쨌든, 의식 경험이 우리와는 근본적으로 다른 생명체
가 존재할 수 있어. 내 말 맞지?

톨렌스 그렇겠지.

포넨스 좋아, 여기서 예로 든 대상이 박쥐라는 건 중요하지 않
아. 박쥐가 아니더라도 다른 생명체가 그럴 수 있어. 그

러니까 논증의 편의를 위해서, 네이글이 생각한 것처럼 반향정위가 우리가 직접적으로 아는 경험과는 근본적으로 다르다고 가정하자고.

톨렌스 좋아.

포넨스 자, 그러면 케첩 바른 프레첼 전략이 박쥐의 반향정위에는 통하지 않는 까닭을 알 수 있지. 우리한테는 박쥐의 관점에 서는 데 필요한 경험 요소가 없어. 우리의 두뇌 상태는 박쥐와 너무 달라서 박쥐의 상태를 상상할 수 없다는 말이야.

톨렌스 그렇다면……

포넨스 그래서 박쥐가 된다는 게 어떤 느낌인지 알려면, 상상이 아닌 객관적 과학을 사용해야 해. 하지만 객관적 과학은 그런 일에 적합하지 않아. 박쥐 두뇌를 객관적으로 연구해서 박쥐가 환경 정보를 어떻게 처리하는지를 알아낼 수는 있겠지. 하지만 박쥐가 세계를 경험한다는 것이 어떤 느낌인지는 알아낼 수 없어.

톨렌스 네 말이 옳다고 치자.

벨라 난 싫은데. 난 박쥐 두뇌를 더 연구해봐야겠어.

톨렌스 맘대로 해. 포넨스, 일단 네 주장이 옳다고 치자. 그래서 결론이 뭐야?

포넨스 음, 이게 내가 물리주의자가 아닌 이유 가운데 하나라는 거지. 다른 말로 하면, 물리학으로 밝혀낸 특징만이

존재하는 모든 특징이라는 주장을 내가 거부하는 이유
야. 네이글의 사례는 과학이 놓치고 있는 점을 드러내.

벨라 난 논의가 명료해지길 기대했어. 그런데 네이글의 추론
은 네가 전에 말한 것만큼이나 허술한걸.

톨렌스 세라, 잠깐만, 네이글이 뭔가 대단한 발견을 했는지도
몰라. 그런데 네 말도 맞아. 아직 논증이 명료하지 않
아. 포넨스, 박쥐가 된다는 게 어떤 느낌인지 우리가 알
수 없다는 주장을 받아들이면서, 동시에 박쥐의 의식
까지 포함해서 의식이 완전히 물리적이라고 주장할 수
는 없을까?

포넨스 그럴 수 있을 거야. 네이글도 그런 가능성을 인정했어.
하지만 물리주의의 진정한 문제가 여기에 있지. 네이글
은 물리주의를 물질은 곧 에너지라는 가설에 비유해서
이 문제를 지적했어. 현대 물리학에 따르면 이 가설은
참이야. 그런데 네가 소크라테스 이전의 철학자라서 현
대 물리학을 전혀 몰랐다면 어떨까? 네가 탈레스였다
면?

톨렌스 탈레스?

포넨스 소크라테스 이전에 살았던 철학자인데, 만물이 물이라
고 생각했어.

벨라 어디에 살았는데, 우물에?

포넨스 아니, 하지만 별을 보며 걷다가 우물에 빠진 적은 있다

고 하지.

톨렌스 그렇게 철학이 탄생했군!

포넨스 당대의 우스갯소리였대. 하지만 탈레스는 정신 나간 사람이 아니야. 단지 지금과 달리 과학이 덜 발달했던 시대에 살았을 뿐이지. 네이글의 질문은 이래. "탈레스가 물질이 에너지라는 가설을 이해할 수 있었을까?"

톨렌스 음, 이해할 수 있었을지는 몰라도 피상적이었겠지. 제기랄, 나도 피상적으로 이해하고 있는데.

포넨스 그렇지. 그리고 그 이유는 탈레스와 너에겐 어떻게 물질과 에너지가 같을 수 있는지를 설명할 이론적 틀이 없어서야. 이런 틀이 없다면, 물질과 에너지가 같다는 가설은 신비하게 보이기 마련이지.

톨렌스 그럼 네이글은 우리가 그런 상황에서 물리주의를 다루고 있다고 보는 거야?

포넨스 그래.

톨렌스 왜?

포넨스 주관성 때문이지. 현상적 성질phenomenal quality, 즉 어떤 느낌을 구성하는 성질은 주관적이야. 적어도 그렇게 보여. 가령 박쥐가 된다는 느낌을 이해하려면, 우리는 박쥐의 관점, 혹은 적어도 그와 비슷한 관점에 서야만 해. 그런데 바로 이 관점에 설 수 없기 때문에, 우리는 박쥐가 반향정위를 한다는 것이 어떤 느낌인지를 이해할 수 없는 거지. 하지만 물리적 속성은 관점과 독립된, 객관적인 것으로 보여. 그래서 현상적 속성이 물리적이라고 해도, 어떻게 그럴 수 있는지를 이해하려면 적절한 이론적 틀이 있어야 해. 현재 우리에겐 그런 틀이 없어. 신경과학과 화학은 그런 틀을 제공하지 못해. 이들이 내놓는 건 전부 객관적 정보뿐이야. 우리로서는 이런 틀을 어떻게 만들지, 만들 수 있기는 한지조차 알기 힘들어.

톨렌스 흥미롭군. 내가 네이글의 추론을 요약해볼까?

네이글의 논증

1. 어떻게 주관적으로 보이는 현상적 속성이 사실은 객관적이며 물리적인 속성일 수 있는지를 설명하는 이론적 틀이 있을 경우에만, 물리주의가 어떻게 참일 수 있는지를 이해할 수 있다.

2. 우리에겐 그런 틀이 없다.

3. 그러므로, 우리는 물리주의가 어떻게 참일 수 있는지 알 수 없다.

포넨스 제대로 이해했군.

톨렌스 그럼 내 불평이 적절했던 거네. 네이글 논증의 결론대로, 물리주의가 어떻게 참일 수 있는지 우리가 알 수 없다고 가정해봐. 그렇다고 해도, 물리주의는 참일 수 있고, 참을 입증한 좋은 근거를 확보할 수도 있어.

벨라 톨렌스 말이 맞아. 네이글의 논증 때문에 내가 물리주의를 버릴 수는 없지. 기껏해야 과학을 더 연구해야 한다는 생각이 들 뿐이야. 네이글은 신경과학이 이미 제공하고 있는 틀의 잠재적 설명력을 과소평가했어.

포넨스 글쎄. 신경과학의 성과는 인상적이지만, 아직 갈 길이 멀어. 하지만 네이글의 논증은 잠시 접어놓자. 물리주의의 문제점을 더 뚜렷이 드러내는 다른 논증이 있거든.

벨라 그럼 또렷하게 말해봐.

포넨스 머나먼 미래, 색시각에 대한 과학이 완성된 미래를 상상해봐. 그리고 세라에게 메리라는 명석한 사촌이 있다고도.

벨라 내 사촌 메리를 네가 어떻게 알아? 메리는 노스다코타주의 스크래블게임 우승자야!

톨렌스 세상에 지능을 낭비하는 사람만 있는 건 아니라니까.

포넨스 됐고, 네 사촌 메리 말고 다른 메리 이야기야. 메리는 명석한 과학자로 평생을 흑백 방에 갇힌 채 살아왔어.

벨라 그런 상태에서 어떻게 그 많은 걸 배웠대?

포넨스 흑백텔레비전 강의를 통해서 모든 걸 배웠어. 아니면 흑백 팟캐스트 강의라고 해도 되고. 메리는 그런 식으로 색시각에 관한 완성된 과학을 배웠지. 사실상 완성된 물리적 진리, 즉 모든 물리적 사실을 배웠다고 하자.

톨렌스 물리적 사실?

포넨스 그래, 물리적 사실. '물리적'의 정의를 묻는 거지? 그 질문에는 감히 내가 답할 수 없어. 물리적인 것의 개념은 정의하기 어렵기로 악명이 높거든. 하지만 기본 발상은 제법 단순해. 프랭크 잭슨의 글을 읽으면 도움이 될 거야.

톨렌스 누구?

포넨스 메리의 사례를 생각해낸 사람이야. 마침 잭슨의 논문이 내게 있어.

톨렌스 뭐야, 그 논문을 들고 다녀?

포넨스 고전이니까! 언젠가 쓸모가 있을 줄 알았지. 여기 관련 구절이 있네.

[메리는] 우리와 우리 환경에 관한 물리적 사실을 모두 안다. 여기에서 '물리적'이란 넓은 의미로, 완성된 물리학과 화학, 신경생리학의 모든 사실을 포함하며, 이런 사실의 결과로 생기는 인과적·관계적 사실에 관해 알아야 할 모든 것도 포함하는데, 여기엔 당연히 기능적 역할도 포함된다.

톨렌스 좋아. 꽤 명료하네. 메리는 완성된 물리학과 화학, 신경과학을 통해 알 수 있는 것을 모두 알아. 가령, 장미가 어떻게 빛을 반사하는지, 시각피질이 어떻게 작동하는지 등등에 대해 다 안다는 말이잖아.

포넨스 그뿐 아니라 자신의 과학 지식으로부터 논리적으로 따라 나오는 것도 전부 안다고 가정해야 해. 색 경험의 원인과 결과에 대한 정보까지 포함해서.

톨렌스 알았어.

포넨스 그런데 어느 날 메리를 감금했던 사람이 메리를 흑백 방에서 풀어주면서 빨간 장미 한 송이를 건네는 거야.

톨렌스 오, 낭만적인데! 평생을 갇혀 산 손해를 확실히 보상받겠어.

포넨스 그건 아니지. 요점은 메리가 처음으로 빨간색을 볼 때, 새로운 뭔가를 알게 된다는 거야. 마침내, 빨간색을 보는 느낌이 어떤 것인지what it's like를 알게 된 거지.

톨렌스 그렇겠네. 메리에게는 아주 대단한 발견이겠어. 하지만 갇혀 지낸 세월이 야속한 메리에게는 오히려 성질나는 일 아닐까? 메리의 목소리가 들리는 듯해. "밖에 빨간 것이 있는데 나를 그렇게 가둬놓았다니! 이런 후레자식아!"

포넨스 그렇진 않을걸. 메리는 밖에 빨간 것이 있다는 사실을 알고 있었어. 빨간 것이 빛을 반사하는 방식과 어떤 장미는 빨갛다는 것, 여성은 장미를 받으면 황홀해 한다는 것도 알고 있었지.

벨라   넌 여자를 잘 모르는구나?

포넨스   사실 잘 몰라. 어쨌든, 방을 나갈 때, 메리는 새로운 뭔
가를 알게 돼. 메리가 흑백 방에서 공부하는 동안 바
깥 사람들이 누렸던 색 경험에 대한 뭔가를 말이야. 방
을 나가기 전에 메리는 바깥 사람들의 뇌의 구조, 기능,
구성 요소에 대해서 모든 것을 배웠어. 하지만 방을 나
간 후에야, 메리는 바깥 사람들의 뇌가 어떤 상태에 있
을 때 그것이 그들에게 어떻게 느껴지는지를 알게 돼.
방을 나선 뒤에야, 이런 느낌이구나 할 거라는 거야.

톨렌스   지금까지는 이해했어. 그런데 논증은 어떻게 되지?

포넨스   제일 단순한 버전은 다음과 같아. 메리는 방을 나가기
전에 물리적 정보를 모두 알고 있었어. 그런데 방을 나
간 후에 뭔가를 새롭게 알게 됐지. 그러므로, 물리적
정보가 정보의 전부인 것은 아니야. 따라서 물리주의는
틀렸어. 이걸 지식 논증the knowledge argument이라고 해.

톨렌스   마지막 단계가 좀······

포넨스   단순한 버전이라고 했잖아. 잭슨은 내가 조금 전에 인
용한 논문에서 조금 더 완전한 논증을 제시했어.

1. 메리는 (석방 전에) 다른 사람들에 관해 알아야 할 물리
적인 모든 것을 안다.

2. 메리는 (석방 전에) 다른 사람들에 관해 알아야 할 모든 것을 알지는 못한다. (왜냐하면 메리는 석방 시에 다른 사람들에 관해 뭔가를 알게 되기 때문이다.)

그러므로,

3. 물리주의 이야기를 벗어나는, 다른 사람들(그리고 메리 자신)에 관한 진리가 있다.

톨렌스   흠. 생각해볼 만하군.

벨라   글쎄. 난 첫 단계부터 의심스러운걸.

톨렌스   첫 단계는 그럴듯한 것 같은데. 방을 나가기 전의 메리의 관점에서 생각해봐. 메리는 바깥 사람들이 장미를 볼 때 느끼는 시각 경험을 궁금해하지. 메리는 그런 경험이 어떤 느낌인지 짐작조차 할 수 없어. 메리로서는 장미를 보는 시각 경험에 청개구리를 볼 때 생기는 현상적 성질이 있다고 판단할 수도 있는 거지.

포넨스   음, 메리는 청개구리를 보는 느낌과 빨간 장미를 보는 느낌 사이에 현상적 차이가 있다는 사실을 알아. 하지만 네 말이 맞아. 메리로서는 그런 경험의 현상적 속성을 현실과는 정반대로 판단할 수도 있는 일이지. 그러고 보니, 소가 뒷걸음치다 쥐 잡는다는 말이 사실이네. 톨렌스 네가 어쩌다 세 번째 반물리주의 논증의 기초를 드러냈어. 이건 네이글의 논증과 지식 논증하고는 다른 건데.

톨렌스   봤지? 내가 이런 사람이야.

포넨스   뒷걸음질 치다 황금을 밟을 때도 있는 법이지! 물리적인 측면에서 우리 세계와 꼭 같은 세계를 상상해봐. 우리 각각에 대응하는 쌍둥이가 있는데, 이들은 물리적인 모든 측면과 심적인 거의 모든 측면에서 완벽한 복제 인간이야. 그런데 차이점이 딱 하나 있지. 쌍둥이는 빨간색과 초록색을 우리와 반대로 경험해. 우리가 빨간 장미를 볼 때, 쌍둥이도 우리와 꼭 같은 시각 경험을 하지만, 색 경험만은 달라. 쌍둥이의 현상적 경험은 우리가 초록색 장미를 볼 때의 경험과 비슷해. 만약 우리가 쌍둥이의 마음의 눈을 통해 볼 수 있다면, 우리는 이렇게 말할 거야. "와, 저 장미는 초록색이야!" 요컨대, 쌍둥이는 빨간 장미를 볼 때 현상적으로 초록 감각을 느끼고, 청개구리를 볼 때 현상적으로 빨간 감각을 느낀다는 말이지.

톨렌스   빨강과 초록이 뒤바뀌었단 말이군.

포넨스   맞아, 하지만 개구리와 장미의 표면에 있는 객관적 성질은 그대로야. 우리와 쌍둥이는 똑같은 개구리, 똑같은 장미와 상호작용한단 말이지. 객관적 성질을 봄으로써 생기는 주관적 느낌만이 뒤바뀌는 거야. 이것을 '전도된 스펙트럼inverted spectrum' 사례라고 하지.

벨라	그런 일이 생긴다면, 쌍둥이는 우리와 전혀 다르게 행동할걸! 쌍둥이는 정지 신호가 녹색이라고 생각할 거야!
톨렌스	세라, 잠깐만. 우리가 '빨강'이라는 단어를 사용하는 법을 어떻게 배웠는지 생각해봐. 우리 부모님과 마찬가지로 쌍둥이의 부모님은 정지신호와 소방차를 가리키며 이렇게 말했을 거야. "저게 빨간색이야." 그러니까 스펙트럼 전도가 있어도, 쌍둥이는 정지신호와 소방차, 그와 비슷한 것들의 색을 빨갛다고 하겠지. 정지신호를 보면 멈춰 섰다가, 신호가 녹색으로 바뀌면 움직일 거고. 쌍둥이는 우리와 똑같이 **행동할 거야.**
포넨스	맞아. 요점은 행동적 사실을 비롯한 물리적 사실이 우리 세계와 동일하지만 현상적 사실은 다른 세계를 상상할 수 있다는 거야. 이 발상에 기초해서 반물리주의자는 상상가능성 논증의 새 시대를 열었지. 어젯밤에 토론했던 데카르트 논증의 맥을 잇는다고 할 수 있어.
벨라	저런, 어젯밤 그 토론을 들었어야 했는데.
포넨스	흥미롭긴 했지. 데카르트에 따르면……
벨라	역사 수업은 사양할게. 하지만 네가 과학을 계속 공격하니까 뭐가 됐든 네 논증을 일단 들어보는 수밖에. 상상가능성 논증이란 게 대체 뭐야?
포넨스	난 과학을 공격하지 않아. 절친한 친구 중에 과학자도

있는걸. 하지만 메리 사례와 전도된 스펙트럼 사례는 과학에 한계가 있음을 시사해. 이 사례들을 살펴보면, 완전한 물리적 진리로 의식의 본성, 이를테면 빨간색을 보는 느낌을 설명할 수 없다고 하는 게 이치에 맞잖아. 게다가 세 번째 사고 실험은 물리적 진리가 의식의 존재조차 함축하지 않음을 보여줘. 좀비세계를 상상해보라고.

톨렌스 와, 비약이 심한데! 갑자기 「살아 있는 시체들의 밤」을 이야기하자는 거야?

포넨스 아니, 사람을 먹는 좀비가 아닌, 우리와 똑같이 행동하는 좀비를 말하는 거야. 이 좀비는 평범한 인간과 물리적·기능적으로 동일해. 하지만 의식이 없지. 아무런 의식 경험이 없는 거야. 그러니까 좀비가 된다는 느낌 자체가 없어. 내면이 완전히 캄캄한 상태라고 할 수 있지.

벨라 헐!

톨렌스 방금 "헐"이라고 했어?

벨라 그래.

톨렌스 그 말을 실제로 사용하는 사람이 있다니.

벨라 하도 어이가 없어서 그랬어. 좀비 이야기는 너무 유치하잖아. 이런 질문처럼 말이야. "타인에게 마음이 있는지 어떻게 알죠? 사람들을 걷어차면……"

톨렌스 와우!

벨라 　사람들이 고통을 느끼는지 내가 어떻게 알아? 난 타인의 고통을 절대 못 느껴. 그렇다면, 타인의 고통이 내 고통과 비슷하다는 건 고사하고, 왜 타인이 뭔가를 느낀다고 내가 생각해야 하지?

포넨스 　그런 질문이 왜 유치하다는 거야? 네 생각보다 답하기 만만치 않은 질문인데. 아무튼, 내 논증은 벨라의 질문과는 별개야. 일단 타인이 고통을 느낀다는 것을 우리가 알 수 있다고 가정하자. 이원론자조차도 일반적으로 뇌 상태와 경험을 연결하는 법칙을 믿거든. 내 뇌가 특정한 상태에 있을 때마다 내가 고통을 느낀다면, 타인의 뇌가 같은 유형의 상태에 있을 때 타인도 고통을 느낀다고 믿을 근거가 있는 거야. 이 세계가 돌아가는 이치가 그렇잖아.

벨라 　나도 동의해. 그렇지만 좀비 사례의 논점이 뭔지 모르겠어. 날 진저리나게 하는 효과 외에는.

포넨스 　좀비 사례가 보여주는 바는, 완전한 물리적 진리가 고통이나 여타 의식 상태의 존재를 보장하지 않는다는 거야. 신이 현실세계와 물리적으로 동일한 세계를 만든다고 상상해봐. 쌍둥이의 뇌는 우리 뇌와 물리적으로 같아. 분자 하나하나가 같지. 하지만 쌍둥이의 두뇌 작용은 경험을 만들어내지 않아. 신이 쌍둥이 세계를 그렇게 돌아가도록 만들었거든.

톨렌스 잠깐만. 쌍둥이의 뇌가 우리의 뇌와 물리적으로 꼭 같다면서? 그런데 쌍둥이가 좀비라고?

포넨스 그래. 내가 보기에 이 시나리오에는 아무런 모순이 없어. 하지만 네가 좀비 사례를 못 받아들이겠다면, 그런 사람을 위해서는 전도된 스펙트럼 사례가 항시 대기하고 있지. 만약 둘 다 못 받아들이겠다면, 신이 우리 세계와 똑같지만 사소한 예외가 하나 있는 세계를 창조했다고 상상해봐. 이를테면, 모든 사람의 시감각이 우리보다 약간 더 밝다고 해보자. 물리적 사실은 같고, 모든 것이 아주 조금 밝게 보일 뿐이야. 이 가능성을 우리 두뇌의 물리적 특징에 의해서 배제할 수는 없는 듯해. 시냅스 연결, 뉴런의 화학적 구조 등의 모든 물리적 특징이 우리보다 약간 더 밝은 시감각과 양립할 수 있는 것 같거든.

벨라 난 잘 모르겠어. 뭔가 사변적인데.

포넨스 좀 그렇지. 하지만 여기에는 강력한 직관이 있어. 이 사례들이 담고 있는 요지는 전반적으로 동일해. 우리는 물리학으로 뇌의 물리 구조를 설명하지. 더불어 뇌 상태가 하는 일, 즉 뇌 상태가 어떻게 상호작용하는지, 뇌 상태가 어떻게 일어나는지, 그리고 뇌 상태가 어떻게 행동을 불러일으키는지를 설명해. 하지만 이런 물리적 정보를 안다고 해서, 경험에 대해 확실한 추론을 할 수 있는 건 아니야. 그리고 이 주장이 옳다면, 어째서 물리적 진리가 의식의 존재를 함축해야 하는지 알기 힘들어. 우리 경험이 이런저런 특성을 갖는 이유는 말할 것도 없고.

톨렌스 좋아, 무슨 말인지 알겠어. 그럼 이 추측이 어떻게 메리 사례 및 지식 논증과 연관되는지 다시 한번 얘기해줘.

포넨스 다시 말하자면, 메리는 석방 전에 배운 지식을 바탕으로 추론을 해봤자, 색을 본다는 느낌이 어떤 건지를 알아낼 수 없어. 메리가 모르는 물리적 진리는 하나도 없다고 해도, 그리고 메리가 명석한 논리학자라서 추론 능력이 무한하다고 해도 말이야. 메리가 방을 나가서 빨간색을 볼 때, 모든 것이 달라지는 거야. 그 순간에 메리는 방을 나가기 전에는 배제할 수 없었던 가능성을 배제할 수 있게 돼. 다시 말해, 빨간색을 보는 느낌이 이런 느낌이라는 걸 알게 되는데, 여기서 '이런 느낌'은 현상적 초록이나 현상적 푸름이 아닌 현상적 빨강을 가리키지. 요컨대 메리의 지식이 증가한 거야. 그리고 좀비 논증이나 감각질 전도와 같은 상상가능성 논증은 이 논증의 변주라고 할 수 있어. 우리는 모든 물리적 사실이 현실세계와 동일함에도 의식이 존재하지 않거나 의식의 현상적인 면이 현실세계와 다른 시나리오를 상상할 수 있어. 면밀하게 검토해봐도, 이 시나리오들은 논리적으로 완전히 일관돼 보여.

톨렌스   흠.

포넨스   그래, 이런 의문이 생길 수 있지. 어째서 그런 것들을 상상할 수 있다는 걸까? 그리고 어째서 방을 나가기 전의 메리에게 그렇게나 많은 가능성이 열려 있다는 거지? 여기에서 추론이 형이상학적 방향으로 나아가. 상상가능성 논증과 지식 논증을 옹호하는 사람들에 의하면, 설명은 간단해. 우리가 좀비 시나리오 따위를 상상할 수 있는 이유는 기초적인 진리를 인정하기 때문이야. 요컨대, 물리적 사실은 의식에 관한 사실을 형이상학적으로 함축하지necessitate 않는다는 말이지. 그래서 메리가 물리적 지식을 포괄적으로 알고 있음에도, 그렇게나 많은 가능성이 방을 나가기 전의 메리에게 열려 있게 되는 거야. 이 설명이 옳다면, 이 세계의 물리적 본성은 완전한 본성이 아니야. 결국 물리주의는 거짓이되는 거지.

톨렌스   흠.

벨라   애들아, 난 여전히 납득이 안 가. 하지만 이제 피곤해서 반박할 힘도 없어. 내일 할 일도 많고 하니 그만 자야겠다.

톨렌스   그래, 나도 쓰러질 지경이야. 내일 밤에 계속할까?

벨라   여기가 과학 도서관보다 못하긴 하지만, 하룻밤 정도는 더 참을 수 있겠지. 난 수학책 옆에서 잘게.

포넨스   좋아, 그럼 내일 봐.

세라 벨라가 의자를 타고 멀리 있는 통로 사이로 사라진다. 포넨스과 톨렌스
는 얼굴에 팔베개를 하더니 곧 코를 곤다.

수요일 밤

장면: 철학 서가의 어두운 구석에 포넨스와 톨렌스가 있다. 산뜻하게 면도를 하고 머리부터 발끝까지 깔끔한 모습이다. 만만찮은 상대 벨라가 바퀴 달린 의자에 앉은 채로 다시 한번 이들과 함께한다.

톨렌스   자, 다 모였으니 오늘 밤의 토론을 시작해볼까?

벨라   포넨스, 네 논증에 대해 생각해봤어. 그리고 어디가 잘
         못됐는지 알아냈지.

포넨스   그럼 냉큼 말해봐.

톨렌스   잠깐, 먼저 요약부터 하고 가자.

포넨스   좋아. 먼저, 각 논증에는 두 개의 주요 단계가 있어. 첫
         째는 물리적 지식과 현상적 지식 사이에 단절이 있다고
         주장하는 단계야. 지식 논증에서는 메리 사례가 이런
         단절을 드러내. 메리는 흑백 방 안에서 모든 물리적 진
         리를 습득했음에도, 방을 나갈 때 색을 보는 느낌이 어
         떤 것인지 새롭게 알게 되잖아. 상상가능성 논증에서

는 좀비 사례와 전도된 스펙트럼 등의 사고실험이 이런 단절을 드러내는데, 이 사례들은 물리적 진리는 그대로 인 채 현상적 진리만 달라지는 상황을 연출하지.

톨렌스 요컨대, 첫 번째 단계는 우리가 물리적인 것과 현상적인 것을 어떻게 아는지 또는 어떻게 상상하는지에 대한 것이라는 말이군. 그렇지만 아직 물리적인 것과 현상적인 것 자체의 관계에 대해 어떤 결론을 내리는 건 아니지? 다시 말하면, 아직 좀비가 형이상학적으로 가능하다거나 물리주의가 거짓이라고 주장하는 건 아니지?

포넨스 그렇지. 첫 번째 단계를 '인식론적 전제'라고 불러. 우리가 무엇을 알거나 알 수 있는지, 또는 상상할 수 있는지에 관한 전제이니까. 그리고 이 전제가 드러내는 단절을 '인식론적 간극'이라고 해. 기본 발상은 의식에 물리적 정보만으로는 밝힐 수 없는 측면이 있다는 거야.

톨렌스 좋아, 이해했어. 그럼 두 번째 단계는……

포넨스 형이상학적 단계야. 이 단계는 지식이나 이해가 아닌 세계의 본성에 관한 주장이지. 지식 논증에서 두 번째 단계가 말하고자 하는 바는, 물리적 진리로부터 색을 보는 느낌이 어떤 것인지 연역할deduce 수 없다면, 물리적 진리는 색을 보는 느낌이 어떤 것인지에 대한 진리를 함축하지necessitate 않는다는 거야. 그리고 상상가능성 논증에서 두 번째 단계가 주장하는 바는, 좀비를 상상할 수 있다면 좀비가 형이상학적으로 가능하다는 거지. 만약에 두 단계가 모두 옳다면, 물리주의는 거짓이 돼.

톨렌스 왜?

포넨스 물리주의가 말하고자 하는 최소한의 주장은, 물리적 진리가 의식에 대한 모든 진리를 형이상학적으로 함축한다는 거야. 그렇지 않다면, 의식에 대한 진리에는 물리적인 것을 넘어서는 진리가 있는 셈이 돼. 그래서 반물리주의자는 물리주의가 참이 되기 위한 최소한의 조건, 즉 물리적인 것이 현상적인 것을 형이상학적으로 함축한다는 조건을 세계가 만족하지 않음을 보여주려 하지.

톨렌스 음, 뭔가 의문이 남는데. 논증을 좀더 명시적으로 써주면 도움이 될 것 같아.

포넨스 좋아, 잠시만 기다려.

톨렌스가 서가 안쪽으로 사라진다. 45분 후 돌아와보니 포넨스가 바닥에 구겨진 종이를 쌓아놓고 정신없이 뭔가를 쓰고 있다.

톨렌스 아직도 안 끝났어?

포넨스 딱 맞춰 왔네! 막 끝냈거든. 세 가지 버전을 적었어. 하나는 논증들의 전반적인 구조를 나타내고, 나머지는 구체적인 버전 두 가지를 요약한 거야.

반물리주의 논증의 구조

1단계(인식론적 간극 주장): 물리적인 것과 현상적인 것 사이에는 인식론적 간극이 있다.

2단계(형이상학적 간극 추론): 물리적인 것과 현상적인 것 사이에 인식론적 간극이 있다면, 이에 대응하는 형이상학적 간극이 있고, 따라서 물리주의는 거짓이다.

결론: 물리적인 것과 현상적인 것 사이에 형이상학적 간극이 있고, 따라서 물리주의는 거짓이다.

지식 논증

1. 물리적 진리로부터 연역할 수 없는 진리가 있다. 즉, 메리가 흑백 방을 나갈 때 새로 알게 되는 진리가 있다.

2. 물리적 진리로부터 연역할 수 없는 진리가 있다면, 물리적 진리가 함축하지 않는 진리가 있고, 따라서 물리주의는 거짓이다.

상상가능성 논증(좀비 버전)

1. 좀비가 존재하는 것을 상상할 수 있다.

2. 좀비가 존재하는 것을 상상할 수 있다면, 좀비가 존재하는 것이 형이상학적으로 가능하고, 따라서 물리주의는 거짓이다.

3. 그러므로, 좀비가 존재하는 것이 형이상학적으로 가능

하고, 따라서 물리주의는 거짓이다.

톨렌스　음, 한마디 하자면, 논증이 상당히 간단하네.

포넨스　고마워. 차머스의 저술에 바탕을 두고 정식화했어.

톨렌스　누구?

포넨스　데이비드 J. 차머스. 반물리주의 논증을 그 누구보다 예리하게 옹호하는 학자지. 내 논증은 각 단계를 단순화한 거야.

톨렌스　왜?

포넨스　원래의 논증은 좀 복잡하거든. 세부 사항은 필요할 때마다 덧붙이면 될 거야.

톨렌스　그게 좋겠다. 아무튼, 네가 정리한 논증을 보니까 어디에서 의견이 엇갈리는지 쉽게 확인이 되네.

벨라　그러게.

포넨스　좋아, 어딘데?

톨렌스　이 논증들이 안고 있는 기본적인 문제는 데카르트의 이원론 논증이 지닌 문제와 같아.

벨라　또 데카르트야? 두 영역에 대한 헛소리를 또 하려고?

톨렌스　바로 그거야. 데카르트는 맑고 또렷한 상상가능성으로부터 가능성을 추론할 수 있다고 믿었지. 그런데 이 주장은 곰곰이 생각해보면 받아들이기 힘든 것으로 드러나. 포넨스도 이 점은 인정했어, 그렇지?

포넨스   그래.

톨렌스   포넨스가 방금 정리한 논증에도 이와 비슷한 문제가 있어. 논증은 우리가 알거나 상상할 수 있는 것에 대한 전제로부터 세계 자체에 대한 결론으로 나아가는데, 이것이 불합리하단 말이지. 내가 이의를 제기하는 건 형이상학적 추론인 2단계야.

포넨스   그게 이 논증에 대응하는 가장 일반적인 방식이지. 톨렌스, 그래서 추론의 어디가 잘못됐다는 거야?

벨라   잠깐만! 나도 생각을 좀 해봤는데, 톨렌스는 너무 많은 것을 받아들이고 있어. 내 생각엔 첫 단계인 인식론적 전제부터 거짓인걸.

포넨스   정확히 어느 논증에서?

벨라   그건 별로 중요하지 않아. 하지만 메리 사례가 인식론적 간극이라는 걸 가장 강하게 드러내니까, 지식 논증에 대해 이야기해볼게.

포넨스   좋아. 좀비보다 메리에 더 집중해서 나쁠 건 없지.

톨렌스   소름 끼칠 일도 없으니 좋잖아.

벨라   내 생각에 메리는 흑백 방에 감금된 상황에서도 빨간색을 보는 느낌이 어떤 것인지 알아낼 수 있어.

포넨스   어떻게?

벨라   어젯밤에 자려고 할 때 여기가 너무 밝아서 난 눈살을 찌푸리며 눈을 꼭 감아야 했어.

톨렌스   여기가 너무 밝다고?

벨라   내가 빛에 굉장히 민감하거든. 아무튼, 눈살을 찌푸리며 손으로 눈을 덮었어. 그 순간, 난 눈꺼풀을 누르면 빨간색이 보인다는 사실을 알게 됐지! 눈을 누르기만 하면 빨간 잔상을 살짝 볼 수 있다고. 메리도 그렇게 할 수 있어. 그러면 메리는 밖으로 나가지 않고서도 빨간색을 보는 느낌이 어떤 것인지 알게 되지!

톨렌스   에이, 그건 속임수에 불과해. 메리 사례의 경험을 그런 식으로는 만들어낼 수 없는 경험으로 바꿔버리면 되잖아.

벨라   메리는 엄청나게 똑똑하고 물리적 사실을 전부 알고 있다는 걸 잊지 마. 방을 나가지 않고서도 메리는 사실상 어떤 경험이든 해볼 방법을 알아낼 수 있을 거야.

포넨스   그럴 수도 있지만, 그건 노골적인 속임수야.

벨라   어째서? 논증에 들어맞잖아?

포넨스   그렇지 않아. 네 말은 메리가 벽을 투시하는 능력을 개발해서 방 안에서도 모든 정보를 얻을 수 있다는 소리나 마찬가지야. 메리 사례가 주장하는 바는, 객관적이며 물리적인 사실로부터 추론을 하는 방법으로는 빨간색을 보는 느낌이 어떤 것인지 알 수 없다는 거야. 메리가 방을 나가지 않고서 빨간색을 직접 경험하도록 사례를 바꾼다고 해서 이 주장이 논박되지는 않아. 빨강에 대한 경험이 어떻게 생기는지는 중요하지 않다고. 빨간 대상을 보든, 눈을 누르든, 아니면 뇌를 직접 자극하든, 뭐든지 말이야. 메리를 방 안에 가두어놓은 목적은, 메리가 색 경험에 대해 습득하는 유일한 정보는 물리학, 화학 등이 제공하는 객관적 정보고 여기에 객관적 정보로부터 연역할 수 있는 모든 정보가 추가된다는 걸 사고실험 초반에 그럴듯하게 가정하기 위해서야. 그러니까 메리가 방 안에서 색 경험을 하도록 허용하려는 모든 시도는 사실상 메리를 바깥으로 나가게 하는 것과 마찬가지지.

벨라　그렇겠군. 하지만 메리가 뭔가를 새로 알게 된다는 느낌이 드는 이유는, 그저 우리가 물리적 사실을 모두 안다는 것이 어떤 건지를 모르기 때문이라는 생각을 떨칠 수가 없어.

톨렌스　그래. 포넨스, 세라가 좋은 지적을 한 것 같아. 메리의 입장에 서기란 쉬운 일이 아니야. 메리가 습득한 물리적 지식은 우리가 상상하기조차 힘든 수준이잖아.

벨라　물리학과 신경과학이 아직 완성과는 거리가 머니까 더 그래. 난 메리가 흑백 방을 나갈 때 대단한 깨달음을 얻을 거란 생각을 받아들일 수 없어. 메리가 완성된 물리학, 화학, 신경과학을 전부 알았던 게 아니라고 하면 모를까. 현재의 색시각 과학 교과서로 공부한다면, 메리는 빨간색을 보는 느낌이 어떤 것인지를 잘 알 수 없을 거야. 하지만 완성된 과학을 배운다면, 그리고 이 과학이 뇌가 시지각을 통해 얻은 정보를 어떻게 처리하는지를 완전하게 설명한다면, 메리는 방을 나가지 않고도 빨간 토마토를 보는 느낌과 꼭 같은 경험을 스스로 할 수 있을 거야. 그런 위업을 이루려면 뇌영상촬영 장치와 같은 기술적 도움이 필요할지도 모르지. 하지만 그런 장치에 색깔이 있는 버튼 따위는 필요 없어. 메리가 방을 나갈 때 새로운 뭔가를 알게 된다고 생각한다면, 넌 메리가 자신의 방대한 지식으로 방 안에서 성취할 수 있는 일을 과소평가하는 것에 지나지 않아.

포넨스 아닐걸. 내 말은 메리가 객관적인 물리적 정보로부터 빨간색을 보는 느낌이 어떤 것인지 연역할 수 없다는 것뿐이야. 메리가 방대한 지식을 사용해서 할 수 있는 일이 많다는 점에는 나도 동의해. 다시 말해, 벽을 투시하는 방법을 알아내서 바깥에 있는 빨간 사물을 볼 수도 있겠지. 하지만 그런 생각은 메리가 연역할 수 있는 것, 없는 것과는 아무런 관련이 없어.

벨라 그 놈의 연역 타령은! 너희 철학자들은 연역을 너무 좋아해. 논리 수업 대신 화학 실험실에 들어가보라고. 메리가 방 안에서 자신의 과학 지식을 활용해 빨간색을 보는 느낌이 어떤 것인지 알아낼 수 있다면, 그녀가 아는 물리적 정보에는 결함이 전혀 없는 거야.

포넨스   일종의 도착증 때문에 연역에 의존하는 건 아니야. 연역은 필연성과 연관되기 때문에 중요한 거라고. 물리주의가 참이라면, 물리적 진리가 진리의 전부야. 그렇다면, 물리적 진리로 결정되지 않는 것은 아무것도 없어야 해. 즉, 물리적 진리는 의식에 대한 진리를 비롯해 모든 진리를 함축해야 해.

톨렌스   맞아.

포넨스   그래서 지식 논증은 물리적 진리가 어떤 현상적 진리, 이를테면 색을 보는 느낌과 같은 진리를 함축하지 않는다는 점을 드러내지. 함축이 실패한다는 것을 입증하기 위해서, 지식 논증은 연역과 관련된 주장, 즉 물리적인 것으로부터 현상적인 것을 연역할 수 없다는 주장에 결정적으로 의존해.

톨렌스   쉽게 말해봐.

포넨스   잠시 대수학의 표현을 빌리자면, 사실 p로부터 사실 q를 연역할 수 있다면, p가 q를 어떻게 함축하는지 알 수 있다는 말이야.

톨렌스   이해했어. 그래서?

포넨스   p로부터 q를 연역이 아닌 다른 방식으로 알게 될 수도 있지만, 그런 방식은 연역과 같은 필연성을 보장하지 않지. 가령, 신이 내 뇌에 정보를 전송하는데, 그 방식이 내가 맨해튼 전화번호부에 있는 번호 1000개를 외운 뒤 갑자기 물리학을 전부 알게 되는 식이라고 해봐. 그렇다면, 내 이모 준의 전화번호와 중력 법칙 사이에 강한 연관성이 있다고 할 수 없겠지.

벨라　난 그런 정신 나간 소리를 한 적 없어.

포넨스　그래, 없지. 하지만 그게 메리 이야기의 요점이야. 메리는 완성된 물리적 진리로부터 색을 보는 느낌이 어떤 것인지를 연역해낼 수 없어. 그렇기 때문에 완성된 물리적 진리가 현상적 진리를 형이상학적으로 함축하는지 의심할 근거가 있는 거야. 어젯밤에 이야기했듯이, 물리주의가 옳다면, 물리적인 것은 현상적인 것을 형이상학적으로 함축해야 하거든.

톨렌스　그럼 여기에서 연역이 엄청 중요한 거네.

포넨스　물론이지.

벨라　잠깐! 넌 어젯밤에 메리 수수께끼는 타인의 마음에 대한 문제와는 다르다고 말하면서, 이원론자는 의식과 두뇌 작용을 연결하는 법칙을 받아들일 수 있다고 했어. 이를테면, '누군가 뇌 상태 X에 있다면, 그 사람은 현상적 상태 Y에 있다'라는 식의 법칙 말이야. 내 말이 맞지?

포넨스　맞아. 그래서?

벨라　메리가 과학을 전부 안다면, 그녀는 자연법칙을 전부 아는 거야. 그러니까, 메리는 뇌 상태와 경험을 연결하는 법칙을 알아. 콕 집어 말하자면, 특정한 뇌 상태와 색 경험을 연결하는 법칙을 알지. 따라서, 이런 법칙에 뇌 상태에 대한 완전한 기술을 더한 것으로부터 메리는 빨간색을 본다는 게 어떤 느낌인지 연역할 수 있어. 그러니까, 메리 사례의 가정 자체에서 메리가 방을 나가지 않고도 빨간색을 보는 느낌이 어떤 것인지를 연역할 수 있다는 결론이 나오는 거야!

톨렌스 아니, 그렇지 않아. 메리는 그런 법칙을 몰라.

벨라 왜 몰라?!

톨렌스 왜냐하면 그건 순수하게 물리적인 법칙이 아니거든. 메리는 흑백 과학 강의를 통해서 모든 물리적 법칙을 배울 뿐, 다른 법칙은 배우지 않아. 네 입으로 말했듯이, 네가 염두에 두는 법칙은 '누군가 뇌 상태 X에 있다면, 그 사람은 현상적 상태 Y에 있다'는 형식을 띠고 있어.

벨라 그래, 그런 형식의 법칙에 무슨 문제가 있는데?

톨렌스 X 부분은 물리적 기술일 뿐이니까 괜찮아. 하지만 Y 부분은 '어떤 느낌인지what it's like'와 같은 현상적 언어를 사용하게 될 거야.

포넨스 바로 그거야. 이런 법칙을 '교량 법칙bridge-laws' 또는 더 구체적으로 '심물 법칙psycho-physical laws'이라고 부르는데, 서로 다른 영역을 연결한다는 점을 강조하려는 의도가 있지. 이 법칙은 물리적 법칙과 대조를 이뤄. 물리적 법칙은 물리적 영역만을 다루니까.

벨라 심물 법칙이 뇌 상태에 관한 법칙인데도, 메리가 그 법칙을 알 수 없다고 말하는 거야? 그건 메리를 불리한 입장에 놓으려는 속임수 아니야?

포넨스 다시 말하지만, 석방 전의 메리는 물리적 법칙을 모두 알아. 모든 진리가 물리적이라면, 그걸로 충분해야 해. 만약에 추가적인 것이 있다면, 즉 메리가 알지 못하거나 알아낼 수 없는 심물 법칙이 있다면, 색을 보는 느낌이 어떤 건지 알기 위해서는 물리적인 정보 이상의 것을 알아야 한다는 결론이 나와. 이게 사고실험의 요점이야.

톨렌스 궁금한 게 있는데, 이렇게 주장해볼 수는 없을까? 메리는 방을 나가기 전에 모든 것을 알지만, 물리세계의 일부에 올바른 방식으로 접속되어 있지 않을 뿐이라고 말이야.

포넨스 접속?

톨렌스 그래. 메리는 인간의 시각 기관에 대한 모든 것을 알아. 그런데도 메리가 방을 나갈 때 새로운 뭔가를 알게 되는 듯 보이는 유일한 이유는, 메리 자신의 시각 기관이 색 경험을 만들어내는 방식으로 활성화되어 있지 않기 때문이라는 거지.

심야의 철학도서관

포넨스   첫 번째 전제, 즉 메리가 방을 나가자마자 뭔가를 새로 알게 된다는 인식론적 전제에 대한 반론이야? 아니면 형이상학적 간극을 추론하는 두 번째 전제에 대한 반론이야?

톨렌스   흠. 잘 모르겠어. 논리학자는 너잖아.

포넨스   그렇다면, 메리는 방을 나가자마자 새로운 뭔가를 알게 된다는 거야, 아니라는 거야?

톨렌스   아니라는 거지. 메리는 이미 알고 있던 과정에 접속하는 것뿐이야.

포넨스   하지만 그랬을 때, 메리는 경험에 대해 배우는 것 아닐까? 요컨대, 타인의 경험에 대해 전에는 몰랐던 무언가, 즉 그런 경험을 한다는 것이 어떤 것인지에 대한 무언가를 새로 알게 되는 것 아닐까?

톨렌스   그래, 그런 것 같네.

포넨스   그럼 두 번째 전제를 부정하는 거지?

톨렌스   사실, 난 첫 번째 전제를 부정하는 중이야. 첫 번째 전제에 따르면, 메리는 이미 물리적 사실을 모두 알고 있음에도 방을 나갈 때 뭔가를 새로 알게 돼. 그런데 메리가 알게 되는 사실은 물리적인 것 같단 말이지. 어떤 식으로든 세계에 접속하지 않는다면, 물리적 사실을 모두 알 수는 없는 것 같아. 내 생각엔 메리가 방 안에서 배울 수 있는 것으로부터 물리적 사실을 모두 연역할 수 있다는 가정이 잘못됐어. 그렇다면, 물리적 사실 가운데 일부를 알기 위해서는 메리가 실제로 방을 나와서 어떤 경험을 해봐야 한다는 건데, 내 발상이 놀랍지 않니?

벨라 그럴듯한데.

포넨스 언뜻 생각하면 그럴듯하지만, 곰곰이 생각해보면 그건 논쟁을 포기하겠다는 소리야.

톨렌스 어째서?

포넨스 어떤 정보를 물리적 정보로 만들어주는 것이 뭘까? 물리적 정보라면 그게 뭐든 간에, 과학으로 밝힐 수 있는 종류의 정보여야만 해. 아니면 적어도 과학으로 밝힌 종류의 정보가 형이상학적으로 함축하는 정보여야 하지. 그리고 이 조건은 모든 물리적 정보가 객관적이어야 함을 뜻해.

톨렌스 객관적?

포넨스 그래. 어떤 사실이 물리적이라면, 그 사실을 이해하기 위해서 특정한 감각 능력을 갖추어야 할 필요는 없어. 가령, 의식 경험이 우리와는 아주 다른 지적 외계인이 있다고 했을 때, 이들이 어떤 수학 증명이라도 이해할 수 있어야 하는 것과 마찬가지로 어떤 과학 이론이라도 이해할 수 있어야 한다는 말이야. 적어도 원리적으로는, 과학 이론을 정보 상실 없이 외계인이 이해할 수 있는 언어로 번역할 수 있어야 해.

톨렌스 흠, 생각 좀 해봐야겠는걸. 뭔가 수상한 냄새가 나.

벨라 아니야. 나도 포넨스의 주장에 동의해. 간주관적inter-subjective 검증 가능성은 과학의 핵심이야. 이 점에서는 네이글의 말이 옳아. 박쥐의 의식이 물리적이라면, 세계를 박쥐의 방식으로 경험하지 않고도 박쥐에 대한 모든 것을 알 수 있어야 해. 이 기준을 포기한다면, 과학의 주요 이상 가운데 하나를 희생시키는 꼴이 되고 말아.

포넨스 바로 그거야.

벨라 하지만 내 생각엔 톨렌스의 주장에서도 건질 게 있는데, 네가 고집하는 연역과 관련이 있어. 메리가 물리적 진리로부터 빨간색을 보는 느낌이 어떤 것인지를 연역할 수 없는 이유를 이런 식으로 간단히 설명할 수 있을 것 같아. 메리는 과학 언어로 물리적 진리를 배웠지만, 번역 설명서를 받지 못했다.

톨렌스 뭐라고?

벨라 이 방이 작다는 명제에서 어떤 방이 작다는 명제가 논리적으로 따라 나와, 맞지?

톨렌스 맞아.

벨라 하지만 독일어를 모른다면? 그러면 '이 방이 작다'를 뜻하는 독일어 'Dieses Zimmer ist klein'으로부터 '어떤 방이 작다'를 추론할 수 없어. 이 결론은 독일어 문장이 표현하는 사실로부터 논리적으로 따라 나와. 하지만 독일어를 모르면, 들은 내용에서 결론을 연역할 수 없지. 그러니까 메리가 물리학의 언어로 표현된 정보로부터 경험 언어로 표현된 정보를 연역할 수 없는 건 당연해. 물리학에 한계가 있거나 물리적 진리로부터 연역할 수 없는 진리가 있어서 그런 게 아니라고. 문제는 번역과 언어였던 거야.

톨렌스 와! 누가 논리학자인지 모르겠네!

벨라 난 논리학 수업을 안 들었다고 말한 적 없어. 거기에 집착하지 않았을 뿐.

포넨스 연역에 대한 네 주장은 옳다고 봐. 하지만 네가 오해하고 있는 점이 있어. 우리가 가정하는 건 메리가 방을 나가기 전에 색시각에 대한 물리적 사실을 모두 안다는 거야. 그리고 다른 물리적 사실도 모두 아는데, 여기에는 언어학적 사실도 포함될 거야. 그러니까 메리는 인간의 언어를 모두 이해하고, 그와 관련된 연역을 해야 할 때면 무엇이든 번역할 수 있어.

벨라 독일어 예는 비유일 뿐이야. 경험 언어는 독특하기 때문에 색다른 번역 문제가 생겨. 경험 언어를 이해하는 데 필요한 개념을 습득하려면, 특정한 경험을 해야 해. 아니면 적어도 비슷한 경험이라도 해야 하지.

포넨스 아, 단어보다는 개념에 대해 이야기하고 싶은 거로군.

벨라   맞아. 적절한 현상적 개념을 알기만 한다면, 메리는 물리적 사실로부터 경험에 대한 사실을 연역할 수 있을 거야. 메리를 방 안에 가두어놓은 이유는 메리가 그런 개념을 습득하는 것을 막기 위해서지. 그러므로, 메리가 방을 나갈 때 뭔가를 배운다는 전제는, 물리적 사실로부터 현상적 사실을 연역할 수 없음을 뜻하지 않아. 기껏해야, 이 전제는 그런 연역을 하려면, 특정한 종류의 경험을 하거나 그와 비슷한 경험을 해야 한다는 것을 보여줄 뿐이지.

포넨스   좋아, 이해했어.

톨렌스   난 모르겠는데.

포넨스   톨렌스, 사실 이해할 필요 없어. 이 대응은 접속 대응과 동일한 문제가 있거든. 메리가 방을 나가서 장미를 볼 때 중요한 뭔가를 알게 된다면, 개인의 경험과 감각 능력에 의존하지 않고서는 이해할 수 없는 정보가 있다고 해야 해. 그리고 이 결론은 물리적 정보에 대한 객관성 조건과 어긋나지.

톨렌스   물리적 정보를 이해하기 위해, 특정한 유형의 관점을 취해야 하거나 구체적인 유형의 경험을 해야 하는 일 따위는 절대 없다는 말이지?

포넨스   맞아. 독일어와의 대조를 두 가지 방식으로 분석할 수 있어. 첫째, 메리는 방 안에서 독일어와 같은 언어를 배울 수 있을 거야. 메리가 '경험 언어'를 같은 방식으로 배울 수 없다는 사실을 고려하면, 이 두 '언어' 간의 유비를 의심해볼 수 있지. 둘째, 이 방이 작다는 사실을 안다면, 독일어 문장의 참을 '알게 된다고' 해서 새로운 뭔가를 알게 되진 않아. 누군가 "Dieses Zimmer ist klein"이라는 말을 네게 건네면, 넌 어리둥절할 거야. 하지만 번역된 문장을 들으면, "아, '이 방이 작다'는 뜻을 나타내는 독일어 문장이로군"이라고 말하겠지. 넌 이미 이 방이 작다는 사실을 알고 있었기 때문에, 그 독일어 문장이 참이라는 걸 알게 된다고 해도 방에 대해 새로운 사실을 알게 되지는 않아. 번역이나 언어에 대한 깨달음은 얻겠지만, 메리가 빨간색을 볼 때와 같은 깨달음을 얻을 수는 없다는 말이야.

톨렌스   그래서 '방'이 독일어로 'Zimmer'란 말이지?

포넨스   방금 내가 한 말 중에서 그것만 알아들은 거야?

톨렌스   음, 여전히 무슨 소린지 모르겠어.

포넨스   거의 같은 주장을 다른 방식으로 이야기할 수 있을 것 같아. 메리는 방을 나간 뒤, 관련된 연역을 하는 데 필요한 개념을 습득해, 맞지?

톨렌스   그렇겠지.

포넨스   이제 메리는 모든 물리적 사실과 더불어 색시각에 대한 모든 현상적 사실을 알아. 그렇다고 해도, 메리는 물

리적 사실만 알았을 때 그것으로부터 이런 현상적 사
실을 연역할 수 없었어. 그리고 아직도 그 연역을 할 수
없어. 연역되어야 할 것을 알고 난 후이고, 오로지 물리
적 사실로부터 연역을 하는 게 아닌데도 말이야.

톨렌스　왜 못한다는 거지?

포넌스　이렇게 생각해봐. 방을 나가고 난 뒤, 메리는 모든 물
리적 사실과 더불어 빨간색을 보는 느낌이 어떤 것인지
를 알아. 그렇다고 해도, 메리는 다음과 같은 시나리오
를 상상해볼 수 있어. 물리적 사실은 똑같은데, 의식은
존재하지 않는다. 뇌를 비롯한 몸은 현실세계와 똑같
지만, 이들은 아무것도 경험하지 않는다. 메리는 이 시
나리오의 세계가 현실세계와 다르다는 것을 알지만, 논
리적 모순 없이 이런 세계를 상상할 수 있어. 만약 메
리가 물리적 사실로부터 경험적 사실을 연역할 수 있다
면, 메리에게 이 시나리오는 논리적 모순이 있는 걸로
보일 거야.

톨렌스　아, 알겠다. 「좀비의 역습」이로군!

포넌스　맘대로 불러.

톨렌스　"뇌, 난 뇌를 원해……"

벨라　사람은 자신에게 없는 것을 원하는 법이지.

톨렌스　썰렁한데.

벨라　말이 나온 김에 얘기하는 건데, 여기 좀 덥지 않아?

포넨스   난 얼어 죽을 지경이야.

톨렌스   그만 좀 해.

벨라   마지막으로 한 가지 반론을 제시하겠어. 그러고 나서
         난 자러 갈 거야.

톨렌스   핏불처럼 한 번 더 물고 늘어지는군!

벨라   인내는 미덕이지.

톨렌스   침묵도 마찬가지야. 넌 토론 수업에서 엄청 나대는 학
         생이지?

벨라   그 질문에 대답하면 미끼를 무는 꼴이니 답하지 않겠
         어. 반론을 말하자면, 최선의 전략은 메리가 뭔가를 새
         로 알게 됨을 부정하는 게 아니라는 생각이 들었어. 어
         떤 의미에서, 메리는 뭔가를 새로 알게 돼.

포넨스   드디어 인정하는구나!

벨라   잠깐. 메리는 어떤 면에서 지식을 얻어. 하지만 우리가
         가정한 방식으로는 아니야. 우리는 메리가 알게 되는
         것이 사실, 정보, 참인 명제와 같은 진리라고 가정했어.
         이 가정이 논증의 결함인 듯해. 메리는 방을 나가면서
         뭔가를 새로 알게 되지만, 이것이 메리가 정보를 얻음
         을 의미하진 않아. 다시 말해, 메리는 무엇이 어떻다는
         사실을 알게 되지 않아. 그 대신 무엇을 어떻게 하는지
         를 알게 되지. 메리가 얻는 건 능력적 지식이야. 메리는
         정보가 아니라 능력을 얻는 거라고.

톨렌스　　능력? 무슨 능력?

벨라　　우선, 상상 능력이 있지. 메리는 빨간색을 보는 느낌을 상상하는 방법, 즉 빨간색을 마음속에 그려보는 방법을 알게 돼. 그리고 파란 사물과 빨간 사물을 봤을 때, 둘을 구별하는 능력도 얻게 되지. '어떤 느낌인지' 또는 '빨간색은 이렇게 보인다'처럼 별난 용어에 의존하지 않고서는 메리가 새로 알게 된 것을 제대로 표현하기 그렇게 힘든 까닭이 바로 이거야. 메리가 새로 알게 된 것은 사실에 관한 지식이 전혀 아니니까.

톨렌스　　흠. 흥미롭군. 그런데 메리가 새로 알게 된 것이 사실이 아닌 능력이라고 기술하는 게 왜 중요하다는 거야?

벨라　　모든 게 달라지거든. 메리의 지식이 증가한 이유가 능력을 습득했기 때문이라면, 물리주의는 곤경에서 벗어날 수 있어. 물리주의는 의식에 대한 모든 진리가 물리적이라고 주장할 뿐, 과학 수업을 통해서 이렇게 저렇게 상상하는 법을 배울 수 있다고 주장하지는 않아. 메리 사례는 상상력과 여타 능력에 대한 뭔가를 드러내는 거야. 비물리적인 현상적 정보가 존재함을 입증하는 것이 아니라고. 그런 건 존재하지 않아.

톨렌스　　알았어. 그러니까 '케이크를 간직하면서 동시에 먹겠다'라는 입장이군. 메리가 흑백 방의 강의를 통해서 물리적 정보를 모두 배운다는 것 그리고 메리가 방을 나갈 때 지식을 얻는다는 것을 동시에 인정하겠다는 입장 말이야. 그런데 메리의 지식 증가는 정보가 아니라 능력 습득 때문이니, 모든 정보가 물리적이라는 것을 의심할 이유가 없어지지. 깔끔하네.

벨라 고마워.

포넨스 그래, 이 전략은 우아하지. 그리고 더 보편적인 전략의 한 사례이기도 해. 보편적 전략은 다음과 같아. 메리가 지식을 얻는다는 주장을 받아들이되, 메리가 새로 얻은 지식이 유형 X라고 주장하라. 여기서 X는 정보적 지식이 아니다. 이 보편적 전략에서 다른 대응 사례를 고안할 수 있어.

톨렌스 이를테면?

포넨스 가장 눈에 띄는 대응 사례는 유형 X를 만남지식acquaintance knowledge으로 보는 거야. 만남지식이란 이러저러한 사실에 의해서가 아니라, 직접적 관계를 맺어서 알게 되는 지식을 일컬어. 이를테면, 도시에 직접 가보거나 사람을 직접 만나서 얻게 되는 지식이 만남지식이지. 이 대응에 의하면, 메리의 지식이 증가하는 까닭은 어떤 속성을 직접 만나서 알게 되기 때문이야. 가령, 글을 통해서만 알던 사람을 어느 날 직접 만나서 알게 되는 것과 같지.

벨라 얘기가 옆길로 새고 있어. 난 만남지식에 대해선 아무

말도 하지 않았다고.

포넨스 미안. 아무튼, 좀 전에 말했듯이 네 전략은 우아해.

벨라 칭찬은 고맙지만, 뭔가 비꼬는 느낌이 드는걸.

포넨스 그랬을 거야. 난 이 전략이 결국엔 실패한다고 생각하거든. 네 말대로, 메리는 방을 나갈 때 어떤 능력을 얻을 거야. 하지만 그게 메리가 정보도 얻지 않는다는 뜻은 아니야.

벨라 맞아, 하지만 정보를 추가할 이유가 있을까? 톨렌스가 말했듯이, 메리가 능력을 얻는다고 가정하면 메리의 지식 증가를 설명할 수 있어. 이 주장이 옳다면, 메리가 정보까지도 얻는다고 해야 할 이유 따윈 없어.

톨렌스 잠깐, 네 말은 메리가 새로운 능력을 얻지만 세계에 대해서 새로운 뭔가를 알게 되지는 않는다는 거지? 그런데 메리가 그런 능력을 얻는 이유가 바로 정보를 얻었기 때문 아닐까?

벨라 내가 왜 그 주장을 받아들여야 하지?

톨렌스 생선을 선별하는 능력을 생각해봐. 식품점에서 신선한 생선과 오래된 생선을 분류하는 능력 말이야.

포넨스 설마 네게 그런 능력이 있다는 건 아니겠지?

톨렌스 삼촌이 생선 가게를 했거든.

포넨스 별일이네.

톨렌스 하고많은 능력 가운데 내겐 생선을 선별하는 능력이 있어. 난 맛이 간 생선의 눈이 신선한 생선의 눈보다 더 탁하다는 사실을 알거든. 나는 생선의 눈에 대한 어떤 사실을 알아. 그래서 그런 능력이 있는 거라고.

벨라 그래, 이해했어. 하지만 왜 모든 경우가 그런 식이라고 생각하지?

톨렌스 난 그런 말 한 적 없어. 그러는 넌 정보를 얻지 않고서 능력을 얻는 사례를 제시할 수 있어?

벨라 하나 있지. 난 요가 수업을 듣기 전에 손이 발가락에 닿지 않았어. 하지만 스트레칭을 얼마간 한 뒤에는 손이 닿았지. 내가 새로운 진리를 알게 됐니? 난 아니라고 생각해.

포넨스 그래서 메리가 방을 나갈 때 알게 되는 것과 같은 뭔가를 배웠니? 손가락과 발가락이 처음으로 만났을 때 깨달음을 얻었어? 통찰력을?

벨라 음, 느낌은 좋았지만, 깨달음은 없었지.

포넨스 하지만 메리는 처음으로 색을 볼 때, 분명히 통찰력을 얻어. 너도 인정했잖아?

벨라 논의를 위해서 그랬지. 아무튼, 네가 보여준 건 내 유비가 완벽하지는 않다는 것뿐이야. 그래도 내 유비 정도면 충분히 쓸모가 있어. 메리는 방을 나갈 때 능력적 지식만을 얻는다고. 내가 발가락에 손을 대는 법을 배웠을 때, 능력적 지식만을 얻은 것처럼.

톨렌스   글쎄. 처음 들을 땐 그럴듯했는데, 어째 점점 의심스러
        운걸. 실제로 발가락에 손을 댈 수 있기 전에도 어떻게
        하는지를 이미 알고 있던 게 아닐까? 그렇기 때문에 특
        정한 근육을 스트레칭 했던 거 아니겠어?

벨라   완전히 모르지는 않았지만, 그래도 난 뭔가를 배웠어.

톨렌스   '스트레칭은 배움이다.' 맘에 드네!

포넨스   글쎄. 메리의 배움을 능력 습득으로 분석하려는 시도
        는 뭔가 미심쩍어.

벨라   그럼 어디가 잘못됐는지 말해봐.

포넨스   능력을 얻지 않으면서도 어떤 느낌을 새로 알게 될 수
        있어.

벨라   어떻게 그럴 수 있지?

포넨스   가능한 예를 하나 들어볼게. 메리는 방을 나갈 때, 빨
        간 장미 한 송이를 봐. 구체적인 색조를 주색이라고 해
        보자. 내 눈으로는 주색과 선홍색을 거의 구별할 수
        없어.

톨렌스   나도 마찬가지야. 참 성가신 일이지.

포넨스   그리고 주색 장미를 빼앗아서 메리가 볼 수 없게 하는
        거야.

벨라   너무한데. 처음 받아본 빨간 장미를 빼앗아?

포넨스   다 이유가 있어서 그래. 자, 장미를 빼앗았어. 거의 확
        실히, 메리는 여전히 빨간색 가운데 구체적으로 주색

을 보는 느낌이 어떤 것인지 알아. 장미가 사라진 뒤에도 적어도 얼마 동안은 이 지식을 유지하지. 그럼에도, 빨간색 가운데 정확히 그 색조를 상상하고 식별하지는 못할 수 있어. 가령, 주색을 보는 느낌을 상상하라고 하면, 메리는 뜻하지 않게 선홍색을 떠올릴 수도 있어. 또한 주색 견본과 선홍색 견본을 확실히 구별할 수 없겠지. 그러므로, 주색을 보는 느낌을 아는 것과 주색을 상상하거나 알아보는 능력을 동일시하면 안 돼.

톨렌스 멋진데. 네 주장은 그와 관련된 능력, 이를테면 구체적인 색조를 기억하는 능력에도 적용될 것 같아. 개별 능력이건 조합된 능력이건, 이런 능력과 어떤 느낌을 안다는 것을 동일시할 수는 없어. 왜냐면 우리는 지식과 관련된 능력을 습득하지 않고서도 지식을 얻을 수 있으니까. 증명 끝!

포넨스 지당한 말씀. 게다가 방을 나갈 때 메리가 알게 되는 것과 메리가 습득하는 능력을 구분 짓는 또 다른 방법이 있는데 들어봐. 마침내 바깥으로 나가는 문이 열리자, 메리는 신이 나. 의자에서 벌떡 일어나서 힘껏 달려나가지. 그런데 나가는 길에 머리를 찧는 거야.

톨렌스 저런! 명석한 메리가 몸치였다니!

포넨스 선례가 있잖아. 우물에 빠진 탈레스 말이야. 아무튼, 메리는 이 사고로 뇌 손상을 입어서 상상력이 심각하게 제한돼. 그러고 나서야 장미를 보지. 메리는 장미를 빤히 바라보며 빨강을 받아들여. 그리고 빨강을 보는 느낌이 어떤 것인지에 대해 예상대로 깨달음을 얻지. 하지만 메리는 어떠한 것도 상상할 수 없어. 장미를 바라보는 동안에는 빨간색을 보는 느낌이 어떤 것인지 알지만, 고개를 돌리는 순간 빨간색을 보는 느낌을 상상할 수 없는 거야. 그러니까, 메리는 장미를 바라보는 동안에 현상적 지식을 갖지만, 다시 말해 빨간색을 보는 느낌이 어떤 것인지 알지만, 이에 대응하는 상상력을 습득하는 건 아니야. 그리고 이 추론은 식별 능력에도 적용되지.

벨라   너희는 이런 대화를 매일같이 하지?

톨렌스   어떻게 알았어?

벨라   교묘한 사례를 잘도 생각해내잖아.

톨렌스   지금 칭찬한 거야? 놀랄 노자네!

벨라   내 말은 너희가 자신의 주장을 옹호하는 수법이 너무 교묘하다는 거야. 상상력이 지나쳐. 빨간색의 구체적인 색조에 대한 첫 번째 예를 보자. 메리가 주색을 확실하게 식별하지 못하는데, 어째서 메리가 주색을 보는 느낌이 어떤 것인지 안다고 가정하는 거지? 일정한 범위 안에 속하는 색조를 보는 느낌이 어떤 것인지는 알지도 몰라. 하지만 과연 콕 집어서 주색을 보는 느낌이 어떤 것인지도 아는 걸까? 난 안다고 볼 근거가 없다고 생각해.

톨렌스   그 부분은 우리가 입증하지 못한 듯해.

벨라   메리가 머리를 찧어서 머릿속으로 그림을 그리는 능력을 잃는다는 두 번째 예를 보자. 이것도 나을 것이 없어. 이 사례는 뇌의 작동 방식에 대한 의심스러운 가정에 의존하거든. 인간의 뇌에서는 지각과 상상이 밀접히 연관돼 있어. 메리의 뇌가 네 가정대로 손상을 입었다면, 메리가 빨간색을 보는 느낌을 제대로 알게 될 가능성은 거의 없어. 그런 지식을 얻는 데 있어 메리는 식물과 다를 바 없지.

톨렌스   불쌍한 메리. 감옥살이를 끝내고 나니 오이가 되었네.

포넨스   세라, 일반적인 인간의 뇌에서 지각과 상상이 얼마나 밀접히 연관되는지 난 잘 몰라. 하지만 네 말이 옳다고 치자. 그렇다고 해도, 뇌가 다른 식으로 작동하는 메리 유형의 인물을 상상할 수 있어. 이 메리의 뇌에서는 상상 능력과 지각 능력이 분리될 수 있지. 한 능력을 잃어도 다른 능력은 남아 있을 수 있는 거야. 메리의 지식이 증가한다는 네 분석이 옳다면, 그 분석은 이 메리에게도 적용돼야 해. 지식 논증은 메리가 전형적인 인간이라는 가정에 의존하지 않아. 메리는 이례적인 인물이야. 현실세계의 어떤 누구도 메리처럼 사고하지 않지.

톨렌스   세라가 한 방 먹었네.

포넨스   게다가 메리 사례에 대한 네 분석도 의심스러워. 방을 나가면서 메리가 능력을 얻을 수도 있지만, 메리가 얻는 게 그것뿐일까? 아닐 것 같아. 톨렌스가 말했듯이, 메리는 현상적 지식 대신 능력을 얻는 게 아니라, 현상적 지식을 습득하기 때문에 능력을 얻는 거야. 하지만 그래도 네 주장을 굽히지 않겠다면, 나도 어쩔 도리가 없어.

벨라   단언컨대, 내 견해에는 어떤 모순도 없어.

포넨스   지구가 평평하고 태양이 지구 주위를 돈다는 이론에도 자기모순은 없어. 설마 이런 이론이 좋다는 건 아니지?

벨라   그건 불공평해. 평평한 지구와 천동설의 경우엔 이를 반증하는 경험적 증거가 있어. 하지만 너희는 나의 능력 분석에 그런 증거를 제시한 적 없어. 내 분석이 그럴 듯하지 않은 이유가 뭔데? 너희가 받아들이지 않으니까?

포넨스   세라, 우리는 두 가지 잠재적인 반례를 고안했어. 이걸 방어하려면, 능력 습득으로 메리가 마침내 빨간색을 보는 순간에 얻는 깨달음을 설명하려는 시도가 그럴듯해야만 해. 그렇지 않으면 이 분석으로는 사실적 정보를 설명할 수 없어.

벨라   정보? 무슨 정보?

포넨스   메리가 방을 나갈 때 지식을 얻는다는 직관을 말하는 거야. 능력 습득으로는 메리의 지식 증가를 제대로 설명할 수 없어. 능력에 현상적 정보가 빠짐없이 따라다니지 않는다면 말이야. 그런데 넌 현상적 정보 같은 건 존재하지 않는다고 했잖아.

벨라   내가 말했지. 내 이론이 그럴듯하지 않게 보이는 까닭은 너희가 네 이론을 받아들이지 않기 때문이야.

톨렌스   세라, 그렇지 않아. 네 견해는 딜레마에 빠졌어. 메리는 방을 나갈 때, 정보 없이 능력만 얻거나, 정보와 능력을 함께 얻거나, 둘 중 하나야. 정보 없이 능력만 얻는다고 하면, 메리에게 일어나는 일은 정보 증가와는 거리가 멀지. 네가 발가락에 손을 대는 능력을 얻었을 때처럼 말이야. 그렇다면 메리가 어째서 깨달음을 얻는지를 이해하기 힘들어져.

포넨스   바로 그거야.

톨렌스   그리고 메리가 능력과 정보를 함께 얻는다고 하면, 논의의 출발점으로 돌아가고 말아. 메리 사례가 보여주는 바는, 물리적 정보로부터 연역할 수 없는 현상적 정보가 있다는 거야. 메리가 능력 또한 얻는다는 발상, 그리고 이것으로 석방 후에 메리의 지식이 증가하는 이유를 부분적으로 설명하겠다는 발상은 사실상 논의와 관련이 없어. 여전히 우리가 다루어야 할 새로운 정보가 있거든.

포넨스 맞아. 게다가 만남지식 전략도 비슷한 딜레마에 빠져. 방을 나가면서 메리는 만남지식을 얻겠지. 하지만 만남지식이 메리가 얻는 지식의 전부라고 말한다면, 메리의 깨달음을 설명하기 힘들어져. 그리고 메리가 정보 또한 얻는다는 것을 받아들이면, 지식 논증의 인식론적 전제를 방어하는 데 있어서는 아무것도 하지 않은 셈이야. '메리는 유형 X라는 비정보적 지식을 얻는다'고 내세운 전략은 어떤 버전에서든 이런 문제가 발생해.

벨라 논쟁이 교착 상태에 빠진 것 같군. 오늘 밤에는 더 나아가기 힘들겠어. 하지만 이 말은 하고 넘어가야겠어. 너희 비판의 핵심은, 내 이론이 여러모로 반직관적이고 뜻밖이라고 불평하는 거야. 그 점은 내가 기꺼이 수긍하겠어. 하지만 그래서 뭐? 3세기 넘도록 과학이 보여주었듯이, 진리란 종종 반직관적이고 뜻밖이야. 난 의식이 다른 모든 것과 완전히 다른 비물리적 현상이라는 이론 대신, 반직관적인 물리주의 이론을 받아들이겠어. 내 견해가 직관적으로 그럴듯하지 않을지 모르지만, 너희 견해는 유령 이야기나 마찬가지야.

톨렌스 네 말도 일리가 있어. 하지만 난 좀 다르게 보는데. 내 생각엔……

벨라 난 그만 잘래. 너희 때문에 나도 불쌍한 메리처럼 뇌가 손상될 지경이거든.

포넨스   좋아. 수학 서가로 가려고?

벨라   그래, 그리고 내일 밤에는 과학 도서관으로 돌아갈 거
        야. 실망스럽군.

톨렌스   좋은 뜻에서 하는 말이길 바랄게.

벨라   앞으로는 계속 과학 도서관에서 잘 것 같아.

포넨스   좋을 대로 해. 잘 자, 벨라 님.

벨라   너희도 잘 자. 책벌레 조심하고.

세라 벨라가 의자를 타고 수학 서가로 사라진다. 포넨스와 톨렌스는 책과 옷
가지로 베개를 만든다.

포넨스   잘 자라, 톨렌스.

톨렌스   포넨스, 잠깐만. 메리가 방을 나갈 때 어떤 새로운 것도
        배우지 않는다고 주장할 또 다른 방법이 떠올랐어.

포넨스   좋아, 하지만 짧게 말해. 눈이 감긴다.

톨렌스   지난밤에 인지과학으로 사고를 어느 정도 설명할 수 있
        다고 네가 말했잖아.

포넨스   그랬지.

톨렌스   사실은 나도 그런 글을 읽은 적이 있어. 마음이 세계를
        표상하는represent 방식에 대해서 꽤 많은 것을 밝혀냈
        다고 하던데.

포넨스   어떻게 사고와 경험이 대상에 대한 것일 수 있는지를
        말하는 거지?

톨렌스   맞아. 이를테면, 우리의 현재 시각 경험은 책과 도서관

가구를 표상해.

포넨스 그래, 인지과학자는 심적 표상에 대해 할 말이 많지. 하지만 우리는 표상이 아닌 의식에 대해 이야기하고 있잖아.

톨렌스 음, 우리는 색시각의 현상적 속성에 대해 이야기했어. 그런데 인지과학으로 색시각이 표상하는 방식을 설명할 수 있고, 물리학으로 색시각이 표상하는 것의 본성을 설명할 수 있는데, 두 과학 가운데 무엇도 표상한다는 것이 어떤 느낌인지를 설명할 수 없다니, 좀 이상하지 않아?

포넨스 이상할지는 몰라도, 그게 참인 듯해. 메리 사례가 보여주는 바가 바로 그거야.

톨렌스 하지만 한발 뒤로 물러나 생각해보면, 인지과학과 물리학이 뭘 놓치고 있다고 해야 하는지 판단하기 힘들어.

포넨스 어째서 그렇지?

톨렌스 음, 빨간 장미 한 송이를 볼 때, 우리는 장미의 빨간색과 우리 경험의 현상적 빨강이라는 두 가지를 인식하는 것 같지 않아. 우리는 그저 장미의 빨간색을 볼 뿐이지. 말하자면, 경험은 투명해. 경험을 통해서 직접적으로 장미의 빨간색을 본다고 할 수 있어.

포넨스 잘 모르겠는걸.

톨렌스 난 직관에 들어맞는 것 같은데. 만약 경험이 투명하고,

물리학 용어로 빨강과 우리가 빨강을 표상하는 방식 가운데 하나를 설명하는 데 어려움이 없다면, 더 설명해야 할 건 없어.

포넨스 하지만 빨간색을 보는 느낌이 어떤 것인지도 그럴까?

톨렌스 그건 시각적 표상의 본성에 대해 말하는 또 다른 방식일 뿐이라서, 물리적으로 설명할 수 있을 거야.

포넨스 네 말에 부분적으로는 동의해. 현상적 속성은 심적 표상에 포함될 거야. 하지만 현상적 속성이 단지 표상적 속성일 뿐이고, 그 밖에는 아무것도 없다는 주장은 의심스러워. 하지만 일부 저명한 철학자가 최근 들어 그 견해를 옹호하고 나섰지. 그 견해를 보통 '표상주의representationalism'라고 불러.

톨렌스 아하! 내가 또 다른 '주의'를 우연히 발견한 걸 몰랐다니. 내 주장에 좀 미진한 구석이 있긴 하겠지만, 표상주의로 문제를 해결할 수 없는 이유는 뭐야?

포넨스 그 이론을 참이라고 가정했을 때?

톨렌스 그래.

포넨스 좋아, 경험이 투명하다고 가정하자. 그리고 현상적 속성이 그저 표상적 속성이라고 가정하고. 그렇다고 해도, 현상적 속성은 여전히 독특한 현상적 방식으로 표상을 해.

톨렌스 그게 무슨 뜻이야?

포넨스   우리는 빨간 토마토를 온갖 방식으로 표상할 수 있어. 시각, 청각, 촉각을 통해서, 심지어 무의식적으로도.

톨렌스   좋아. 그래서?

포넨스   색시각이 표상하는 독특한 방식, 즉 표상의 현상적 방식은 어떨까? 인지과학으로 이 방식을 어떻게 설명할 수 있지? 우리는 표상주의를 끌어들이기 전과 마찬가지 상황에 있어. 달라진 거라고는, 메리가 기존의 질문을 표상적 용어로 바꾸어 말하는 것뿐이야. 메리는 궁금해하겠지. '밖의 사람들이 빨간 장미를 볼 때, 그들이 빨강을 표상하는 방식이란 어떤 느낌일까?' 뭐 나아진 게 있어?

톨렌스   없는 것 같네.

포넨스   그래. 표상주의가 참이든 거짓이든, 메리가 바깥에 나가서 장미를 볼 때 정보를 얻는다는 건 여전히 명백해 보여. 이 정보가 경험의 비표상적 특징이 아닌 표상적 특징과 관련된다는 가정은 별로 중요하지 않아. 어느 쪽이건, 지식 논증의 인식론적 전제는 인정해야 해.

톨렌스   좋아, 인식론적 전제에 대해 내가 할 수 있는 반박은 여기까지야. 메리는 정보를 얻어. 인정할게. 이제 잘까?

포넨스   잘 자.

목요일 밤

장면: 포넨스와 톨렌스가 서고 사이를 살금살금 돌아다니며 구석을 기웃거린다. 포넨스가 계단으로 통하는 문을 열고 안을 살핀다. 철학 서가 옆의 단골 자리로 돌아와보니, 세라 벨라가 앉았던 바퀴 달린 의자 위에 톨렌스가 앉아 있다.

포넨스   그건 어디서 찾아냈어?

톨렌스   수학 서가 옆에 놓고 갔더라고.

포넨스   의자를 타고 돌아다니다니 세라를 따라하는 거야?

톨렌스   맘대로 생각해. 세라가 뭘 좀 알았네. 이거 꽤 재미있어. 아무튼 아무도 없지?

포넨스   없어. 오늘 밤은 우리가 이곳을 독차지하겠군.

톨렌스   잘됐네. 좀비는 아니더라도 한밤중에 누군가 불쑥 나타나면 소름 끼치지.

포넨스   어제 산뜻하게 면도했던 모양새로 미루어보건대 세라를 보고 소름이 끼치지는 않았던 것 같은데.

톨렌스　　야, 넌 네 자신이 얼마나 교활해 보이는지 모를 때가 있더라. 옆에서 말을 해줘야만 알지. 너한테선 향수 냄새가 나던데, 그게 과연 우연이었을까?

포넨스　　백화점 향수 매대를 지나치면 향수 냄새가 배기 마련이야.

톨렌스　　아무렴, 그렇고말고.

포넨스　　그건 그렇고, 논쟁할 때 네가 내 편을 들다니 별일이더라.

톨렌스　　음, 메리가 방을 나갈 때 정보를 습득한다는 걸 부정하긴 힘들어서. 메리 사례는 훌륭한 논증이야. 게다가 능력 가설인지 뭔지를 받아들일 수는 없었거든.

포넨스　　그럼 내가 널 설득한 건가? 물리주의를 포기하는 거야?

톨렌스　　아직은 아니지. 난 메리가 정보를 습득한다고 했어. 다시 말해, 인식론적 전제를 인정한다는 말이지. 하지만 여전히 지식 논증이 실패한다고 생각해. 인식론적 간극으로부터 형이상학적 간극을 추론하는 두 번째 전제에 문제가 있거든.

포넨스　　아, 네가 여태 그걸 기억하고 있다니.

톨렌스　　날 뭐로 보는 거야? 네가 백화점 향수 매대를 어슬렁거리는 동안, 난 책을 읽었다고.

포넨스　　내 강점이 사라졌네.

톨렌스   그렇지. 몇몇 철학자가 내 견해를 옹호하더군. 어떤 철
학자에 따르면, 물리적인 것과 현상적인 것 사이에는
'설명 간극explanatory gap'이 있어. 물리학, 화학 등의 객
관적 이론은 이 간극을 좁히기에 충분치 않지. 이런 이
론은 왜 두뇌 작용과 같은 물리적 현상에 의식 경험이
따라다녀야 하는지를 신비로 남겨둬. 이 간극은 너무
나 깊어서, 어쩌면 메울 수 없을지도 몰라. 우리가 논의
했던 메리 사례, 좀비 사례, 그리고 다른 사고 실험이
보여주는 바가 바로 이거지.

포넨스   바로 그거야!

톨렌스   여기서 잠깐. 이 결론은 중요해. 하지만 형이상학적 측
면이 아닌, 인식론적 측면에서 중요하지. 이 간극은 물
리적인 것과 현상적인 것의 관계를 어떻게 설명할 수
있느냐에 대한 것이지, 이 관계의 본질이 무엇이냐에
대한 게 아니야. 그러므로, 설명 간극이 있다고 해도,
이원론자가 믿는 식의 형이상학적 간극이 있어야 할 필
요는 없어. 의식은 여전히 물리적일 수 있어. 그리고 난
의식이 물리적이라고 생각해.

포넨스   꽤 매력적인 입장이네. 하지만 옹호하기는 생각보다 힘
들걸.

톨렌스   왜? 지식 논증을 반박하기 위한 기본 전략은 이미 데
카르트 이야기를 할 때 마련했잖아. 클라크 켄트와 슈

퍼맨 이야기를 잊었어?

포넨스 글쎄.

톨렌스 비슷한 수를 여기에도 둘 수 있어. 메리는 방을 나갈 때 정보를 습득하지만, 오직 형이상학적으로 무의미한 방식으로만 습득해. 메리는 이미 알고 있던 뭔가를 새로 알게 되는 거지.

포넨스 이해가 안 되는데. 메리는 정보를 얻거나 안 얻거나, 둘 중 하나야. 정보를 얻는다고 하면, 그 정보는 메리가 전에는 모르던 정보지. 또 메리는 이전에 물리적 정보를 모두 알고 있었으니까, 새로 얻은 정보는 비물리적 정보야. 난 이 결론이 형이상학적으로 무의미하지 않다고 생각해.

톨렌스 이렇게 말해보자. 로이스 레인과 클라크 켄트는 신문사 『데일리 플래닛』에서 일하는데, 하루는 업무 차 엠파이어스테이트빌딩 꼭대기에 올라가게 됐어. 그런데 빌딩 꼭대기에서 클라크는 로이스가 크립토나이트 귀고리를 하고 있음을 알아채지. 클라크는 급히 뒷걸음질 치다가 그만 빌딩 아래로 떨어지고 말아. 로이스는 건물 가장자리에 선 채 겁에 질린 눈길로 그 장면을 보지. 한편, 슈퍼맨으로도 알려진 클라크는 슈퍼맨 슈트를 입고 망토를 두를 겨를이 없어서 하는 수 없이 그대로 날아올라. 로이스는 깜짝 놀라지. 클라크 켄트가 날 수 있다는 걸 알게 됐으니까!

포넨스   알았어. 로이스가 새로운 사실을 알게 됐다는 거지. 메리처럼 말이야.

톨렌스   그래, 하지만 로이스가 막 알게 되었다고 추정되는 사실을 이미 알고 있었다는 게 중요해. 로이스는 그 남자가, 즉 클라크 켄트이면서 슈퍼맨인 남자가 하늘을 날 수 있다는 걸 알고 있었어. 클라크 켄트로 위장했을 때만 몰랐을 뿐이지.

포넨스   그러니까 사실이 위장을 한다는 말이야, 슈퍼히어로처럼?

톨렌스   어떤 면에서는. 우린 한 가지 사실을 여러 방식으로 표현할 수 있어. '슈퍼맨은 날 수 있다'와 '클라크 켄트는 날 수 있다'라는 두 진술을 생각해봐. 멋모르는 사람은 첫 번째 진술만 참이라고 믿겠지. 하지만 사실 두 진술 가운데 하나만 참일 수는 없어. 하나가 참이면, 다른 하나도 참이지. 왜냐면 두 진술은 어떤 남자가 날 수 있다는 같은 사실을 나타내니까. 두 진술은 이 사실을 다른 방식으로 나타내지만, 그 사실이 같다는 점은 변하지 않아.

포넨스   음, 우리가 의미론 측면에서 의견이 다를 여지가 있지만, 일단 네 말이 옳다고 가정하자. 그런데 왜 여기서 그게 문제가 되지? 메리 사례는 언어가 아닌 의식에 대한 주장이야.

톨렌스 　내가 주장하려는 바는 언어에 국한되지 않아. 로이스가 슈퍼맨이 자신을 사랑하도록 만드는 묘약을 제조했다고 가정해보자.

포넨스 　슈퍼맨은 벌써부터 로이스를 사랑하고 있었을걸.

톨렌스 　그게 바로 묘약 때문이야!

포넨스 　원작에는 슈퍼맨이 로이스를 사랑하는 이유가 로이스의 매력 때문인지 아니면 묘약 때문인지 분명하게 나오지 않아.

톨렌스 　심오한 학문적 논의는 잠시 접어두어야겠군.

포넨스 　알았어, 그만할게. 하지만 내 말이 맞아.

톨렌스 　어쨌든, 로이스가 슈퍼맨에게 묘약을 주었는데 효과가 있다고 해보자. 그럼 결과적으로 클라크 켄트도 로이스에게 반하게 되지. 슈퍼맨은 로이스에게 반하되, 클라크 켄트는 로이스에게 무관심하게 만들 수는 없어. 신조차도 그럴 수는 없을걸. 둘은 같은 사람이니까! 클라크 켄트가 로이스를 사랑하는 것과 슈퍼맨이 로이스를 사랑하는 것은 동일한 사실이야.

포넨스 　그래, 이해했어. 하지만 그걸 메리 사례에 어떻게 적용하겠다는 거지?

톨렌스 　예를 하나 들어볼게. 메리는 방을 나갈 때 뭔가를 새로 알게 되잖아. 말하자면, 빨간색을 보는 느낌이 어떤 것인지를.

포넨스   그렇지.

톨렌스   메리는 이 새로운 지식을 방을 나가면서 이렇게 표현
         해. "아! 빨간색을 보는 느낌이란 이런 것이로군!"

포넨스   그렇겠지.

톨렌스   이것은 로이스 레인이 클라크 켄트가 하늘을 나는 모
         습을 보는 상황이나 마찬가지야. 메리는 새로운 사실
         을 알게 되었다고 생각하겠지. 하지만 사실은 이미 알
         고 있던 뭔가를 다른 방식으로 '새로 알게 된' 것뿐이
         야. 메리는 사람들이 빨간색을 볼 때 그들의 뇌가 어떤
         상태에 있는지를 이미 알고 있었어. 메리 자신의 뇌가
         그런 상태에 이른 적은 없을지라도 말이야. 하지만 방
         을 나가서 빨간 장미 한 송이를 본 뒤 자신의 뇌가 실
         제로 그런 상태에 이를 때, 메리는 같은 사실을 새로운
         방식으로 알게 돼. 메리는 이 사실을 다르게 표현하는
         거야. 그리고 아마도 좀 놀라겠지. 하지만 여기서 중요
         한 점은 사실 자체보다 메리가 사실을 아는 방식이야.
         공간적인 비유를 들자면, 메리는 같은 사실을 외적으로
         이미 알고 있는 상태에서 내적으로도 알게 된 거야.

포넨스   알았어. 네 주장은 확실히 일리가 있군.

톨렌스   고마워.

포넨스   천만에. 하지만 넌 중요한 점을 놓쳤어.

톨렌스 뭔데?

포넨스 메리는 로이스 레인이 아니야.

톨렌스 그렇지, 그건 나도 알아. 유비를 활용한 것뿐이라고.

포넨스 그래, 그런데 그 유비가 적절하지 않다는 거야. 로이스와 달리, 메리는 방을 나가기 전에 물리적인 것을 전부 안다고 가정했잖아. 물리주의자의 주장대로, 모든 것이 물리적이라면, 메리는 모든 것을 알 거야. 로이스 레인 사례는 이와 전혀 달라. 로이스는 동료가 공중전화 박스에 들어가서 쫄쫄이 옷을 입는다는 것조차 모른다고! 동료의 안경에 도수가 없다는 것도 모르지! 메리와 비교하면, 로이스는 바보야.

톨렌스 너무 무례한데. 로이스는 열심히 일하는 여성이야. 끝내주는 기자라고. 모르는 게 좀 있기로서니 뭐 그리 대수라고.

포넨스 중요한 점은 로이스가 모르는 위장된 사실이 있다는 거야. 이런 사실을 모르기 때문에 로이스는 슈퍼맨과 클라크 켄트가 동일하다는 사실에 어리둥절해하는 거지.

톨렌스 그래서?

포넨스 그래서 네 유비는 결정적인 단계에서 실패로 돌아가. 네 견해에 의하면, 방을 나갈 때 메리는 이미 알던 사실을 새로운 방식으로 표상하는 것에 불과해. 빨간색을 보는 데 있어, 방을 나가기 전에는 위장 상태에 있어서 메리가 미리 알지 못했던 사실 따위는 없지.

톨렌스 정확해.

포넨스 이건 로이스에게 일어나는 일과는 완전히 달라. 로이스는 슈퍼맨이 난다는 사실은 알면서도 클라크 켄트로 위장한 남자가 난다는 사실은 모르는데, 그 유일한 이유는 로이스가 다른 어떤 사실을 모르기 때문이야. 이를테면, 클라크 켄트가 적당한 틈을 타서 슈퍼맨 옷으로 갈아입는다는 사실을 모르지. 로이스가 이런 정보를 모두 알면, 클라크 켄트와 슈퍼맨에 관련된 사실의 위장을 전부 간파할 수 있을 거야. 이런 사실이 전부 동일인에 대한 사실이라는 점을 알아차릴 수 있다는 말이지. 추론 능력이 형편없는 게 아니라면, 로이스는 클라크 켄트가 하늘을 나는 모습을 보고 놀라지 않을걸.

톨렌스 좋아, 그래서?

포넨스 로이스의 무지가 혼란을 낳았다는 말인데, 다음과 같은 원리라고 할 수 있어.

위장은 무지에 의존한다. 어떤 사실을 한 방식으로는 알면서 다른 방식으로는 모르려면, 어떤 독특한 사실을 모르거나 추론에서 오류를 범해야만 한다.

심야의 철학도서관

톨렌스   좋아, 일단 옳다고 쳐. 그래서 어떤 결론이 나오는데?

포넨스   끝까지 들어봐. 위장은 무지에 의존한다는 원리에 의하면, 메리가 방을 떠날 때 옛 사실을 새로운 방식으로 알게 되는 것뿐이라고 했을 때, 두 가지 가능성이 있어. 메리가 어떤 독특한 사실을 모르거나, 추론에서 오류를 범하거나, 둘 중 하나지. 그런데 메리는 추론 오류를 범하지 않아. 가정상, 메리의 추론 능력은 완벽하니까. 그렇다면 메리는 어떤 독특한 사실을 모르는 게 틀림없어. 하지만 그런 사실이 대체 뭘까? 물리주의가 참이라면, 방을 나가기 전에 메리가 모르는 사실 따위는 없어. 메리는 방 안에서 현상적 사실을 비롯한 모든 사실을 배워. 말하자면, 메리는 모든 사실을 물리적인 방식으로 배우는 거야.

톨렌스   전에도 이 주제에 대해 생각해본 적이 있지?

포넨스   예전에는 조로를 예로 들었는데. 아무튼, 해본 적 있어.

포넨스   슈퍼맨이 나아. 조로의 본명은 생각도 안 나거든.

포넨스   돈 디에고 드 라 베가.

톨렌스   아, 맞다. 음, 메리 사례가 로이스 사례와 정확히 일치하지 않는다는 점에는 동의해. 하지만 그렇다고 해서, 옛 사실/새 방식old-fact/new-disguise 견해가 틀렸다고 할 수는 없어. 기껏해야 내 견해가 위장은 무지에 의존한다는 원리와 상충한다는 것을 보여줄 뿐이지. 그 원리를 받아들여야 하는 이유가 뭐야?

포넨스 　로이스 레인과 슈퍼맨에 대한 네 주장을 고려하면, 확실히 참인 것 같지 않아?

톨렌스 　확실히? 너희 철학자는 자기 양말이 존재하는지도 확실치 않다고 생각하잖아!

포넨스 　그렇긴 하지.

톨렌스 　좋아, 그렇다면 네가 이 논증을 어떻게 이해하고 있는지 내가 다시 한번 분명히 말해줄게. 모든 사실이 물리적이라면, 메리는 흑백 방에서 배운 사실로부터 색 경험에 대한 모든 사실을 연역할 수 있어야 해.

포넨스 　맞아.

톨렌스 　이 생각에 의하면, 슈퍼맨이건 빨강 감각이건 간에 어떤 것을 아는 방식이 두 가지일 때, 그것을 충분히 아는 사람은 연역 추론을 통해서 그것을 생각하는 한 방식으로부터 다른 방식으로 나아갈 수 있을 거야.

포넨스 　그렇지.

톨렌스 　그렇다면 내 질문은 왜 이것이 일반적으로 참이어야 하냐는 거야. 우리 마음이 언제나 그렇게 작동하는 건 아닐 수도 있잖아? 우리가 대상을 생각하는 어떤 방식은 우리의 추론으로는 쉽사리 파악할 수 없는 인지 상태를 포함할 거야. 다른 말로 하면, 맹목적인 신경 작용의 제한을 받아서 우리가 한 개념이나 명제로부터 다른 개념이나 명제를 추론할 수 없는 경우도 있겠지. 아마도 어떤 개념은 다른 개념으로부터 인과적·인지적으로 고립되어 있을 거라고.

포넨스 흠. 그럴 수도 있지. 하지만 그 주장은 로이스 레인 사례에 들어맞지 않아. 그리고 난 왜 이 사례에 대한 내 분석을, 즉 위장은 무지에 의존한다는 원리를 사용한 분석을 일반화할 수 없다는 건지 모르겠어.

톨렌스 대개는 일반화할 수 있을 거야. 하지만 그 원리는 지금 논의하는 물리적 개념과 현상적 개념 사례에는 적용이 안 돼.

포넨스 이 원리가 모든 사례에 적용돼야 하는데, 물리주의에 문제를 일으키는 사례에만은 예외라니, 뭔가 수상쩍지 않아? 자포자기하는 거야?

톨렌스 아니. 예외를 예상할 특별한 근거가 있다면 그렇지 않지. 그리고 로이스 사례에는 그런 근거가 있어.

포넨스 어디 들어보자.

톨렌스 물리적 개념과 현상적 개념이 사고에서 다른 역할을 한다는 걸 고려해봐. 신경과학의 개념을 비롯한 물리적 개념은 이론적 개념이야. 이론적 개념은 관찰 대상을 설명하기 위해 이론을 세우는 과정에서 발달하지. 현상적 개념은 이와 달라. 우리는 지각을 통해 뭔가를 인식할 때 이 개념을 사용해. 어떤 것을 노랗다고 인식하는 까닭은, 그것을 볼 때 고유한 시각 경험을 하기 때문이야. 우리는 노란색 경험을 이런 느낌으로 인식하지. 현상적 개념은 지각적 인식 가운데 이런 느낌과 관련돼.

포넨스   계속해봐.

톨렌스   우리의 지각 능력과 인식 능력이 추상적 사고 능력보다 훨씬 더 먼저 진화했다고 추측할 근거가 있어. 빈둥거리며 이론을 세울 여유를 누리려면, 먼저 포식자를 피하고 독이 있는 열매를 멀리하며 양식을 찾아낼 수 있어야 해. 이 모든 것이 가능하려면, 경험을 비롯한 지각 방식이 진화해야 하지.

포넨스   흠. 안락의자에 앉아서 진화신경과학을 연구하겠다는 거야?

톨렌스   안락의자? 이건 등받이랑 팔걸이가 없는 의자야.

포넨스   깐깐하게 굴래. 무슨 뜻인지 알잖아.

톨렌스   좋아, 내 주장이 사변적이라는 점은 인정해. 하지만 내 진화 이야기나 이와 비슷한 이론이 참일 가능성이 크지 않을까?

포넨스   글쎄. 아무튼, 네 주장은 세계에 대해 생각하는 두 가지 방식, 즉 경험적 방식과 이론적 방식이 진화의 과정에서 다른 단계에 발달했을 거라는 얘기일 뿐이야. 그 주장이 옳다고 해도, 두 방식이 진화하는 과정에서 이들이 인지적으로 분리됐다는 결론이 나오진 않아.

톨렌스   그럴지도 모르지만, 내 진화 이야기는 설득력이 있어.
       두 가지 유형의 개념이 독립적으로 진화했다면, 이들이
       인지적으로 분리되어 있다고 해도 놀랄 일은 아니야.
       그리고 생존의 이점을 고려하면, 실제로 그랬을 가능성
       은 더 커지지.

포넨스   사변이 어디까지 가나 보자.

톨렌스   미안, 실험실이 잠겨 있어서. 들어봐. 현상적 개념은 현
       상적 상태와 현상적 속성만을 가리키는 게 아니야. 우
       리는 현상적 개념을 포함하는 생각을 할 때 경험을, 즉
       현상적 개념으로 골라낸 경험과 현상적으로 비슷한 경
       험을 하는 경향이 있어.

포넨스   경험을 희미하게 모사한 걸 말하는 거야?

톨렌스   맞아. 희미한 모사.

포넨스   그래, 흄이 그와 비슷한 주장을 했지. 하지만 현상적
       경험과 관련해서 이 견해가 그럴듯한지는 모르겠어. 이
       견해에 의하면, 잭슨은 메리 사례를 생각해냈을 때, 빨
       간색을 보는 경험의 희미한 모사를 경험했어야 해. 그
       런데 그건 말이 안 돼. 하지만 이 견해가 옳다고 가정
       해보자. 그게 자연선택과 어떻게 연관된다는 거야?

톨렌스   누군가가 어떤 이론적 개념을 사용해서 생각하는데,
       이 사람의 생각이 현상적 개념도 포함한다고 가정해보
       자. 현상적 개념에 대한 '희미한 모사' 견해에 따르면,

이러한 이론적 개념을 사용한 추론은 재앙이 될 수도 있어. 동물학자는 호랑이의 생리학을 생각할 때마다 의자에서 펄쩍 뛰어오를 거라고!

포넨스　어원학자는 바퀴벌레에 대한 글을 쓸 때면 피부가 근질 근질하겠군!

톨렌스　그렇지! 지각 상태로 빠져들어서 생각하는 능력은 약점 이 될 거야. 그러니까 진화과정에서 추론 능력과 지각 능력이 독립적으로 발달했을 거라고 믿을 근거가 있는 셈이지. 게다가 진화적 적합성을 고려하면, 이 두 능력 은 인지적으로 서로 독립해서 발달했어야 해. 가령, 호 랑이를 이론화할 때마다 호랑이 경험을 떠올리는 수렵 채집인은 오래 생존하기 힘들었겠지, 안 그래?

포넨스　그렇겠지. 하지만 네 논증에는 문제가 있어. 일례로, 넌 지각적 인지 개념, 즉 우리가 포식자를 피하도록 돕는 개념과 현상적 개념, 즉 네 말에 의하면 메리가 얻는 개 념의 전부인 개념 사이를 슬그머니 지나쳤어. 난 두 개 념이 다르다고 생각해. 하지만 여기서 그걸 물고 늘어 지진 않겠어.

톨렌스　관대하군. 지각적 개념과 현상적 개념의 차이라는 것이 무엇인지 조금도 내비치지 않다니.

포넨스　삐딱하긴. 어쨌거나, 네 말이 옳고, 이론적 개념과 현상 적 개념이 인지적으로 서로 독립되어 있다고 치자. 그렇다고 해도 네 옛 사실/새 방식 견해를 구할 수는 없을걸.

톨렌스 지금 웃는 이유가 뭐지?

포넨스 네 전략은 양의 탈을 쓴 늑대라고 생각하거든.

톨렌스 그래, 늑대다. 너희 집을 날려버릴 거야!

포넨스 내 말은 네 전략이 제 할 일을 못한다는 거야. 마치 어젯밤에 세라가 둔 악수惡手처럼 말이야.

톨렌스 이를테면?

포넨스 세라의 '메리는 오로지 능력만 얻는다' 이론에 대한 내 반례를 떠올려봐. 세라는 내 논증이 인간의 뇌에서 상상과 지각이 얼마나 밀접히 연결되어 있는지를 간과한다고 주장했어. 거기에 난 메리의 뇌가 우리와는 다르다고 가정할 수 있다는 점을 들어 대응했고.

톨렌스 그 점에서는 나도 네 주장에 동의했지.

포넨스 같은 식의 대응 전략이 여기에도 들어맞아. 우리의 뇌가 어떻게 진화했는지에 대한 네 주장이 옳다고 해도, 그 주장이 우리와는 약간 다르게 진화한 메리에게는 적용되지 않는다고.

톨렌스 메리라는 생명체에 대해 더 말해줄래?

포넨스 네 말에 따르자면, 자연선택으로 인해 생긴 신경 장벽 때문에 우리는 이론적 개념으로부터 현상적 개념을 추론할 수 없어. 하지만 우리 신경은 다른 식으로 연결되었을 수도 있어. 적어도 우리에게 있는 신경 장벽이 없는 존재가 있을 수 있는데, 메리가 그런 종이고……

톨렌스   화성인 메리!

포넨스   그래, 화성인 메리라고 하자. 화성인 메리의 뇌에는 이론적 개념으로부터 현상적 개념을 추론할 수 없도록 막는 신경 장벽이 없어.

톨렌스   좋아, 그래서?

포넨스   그래서 메리가 석방 전에 배운 물리적 지식으로부터 빨간색을 보는 것에 대한 현상적 진리를 연역할 수 없는 유일한 이유가 신경 장벽 때문이라면, 화성인 메리는 그런 연역을 할 수 있지. 이 경우에, 화성인 메리는 흑백 방을 나갈 때, 메리가 얻는 깨달음을 얻지 않을 거야. 화성의 장미는 화성인 메리가 예상한 대로 보일 테니까.

톨렌스   그게 왜 내 견해에 문제가 된다는 거야?

포넨스   왜냐면 네가 받아들인 설명 간극이 사라지게 되거든. '신경 장벽' 견해에 의하면, 물리적인 것과 현상적인 것 사이에 인식론적 간극은 없어. 더 정확히 말하면, 메울 수 없는 인식론적 간극은 없어. 이상적인 추론가, 즉 추론 능력이 인간 뇌에서 일어난 우연한 사건에 의해 제한되지 않은 추론가는 물리적 사실로부터 의식 경험에 관한 사실을 추론할 수 있을 거야. 그러니까 너는 네

가 바란 대로, 오로지 형이상학적 간극의 존재를 부정
한 결과로 인해 인식론적 간극을 부정하는 상황에 처
하게 된 거야.

톨렌스 　내가 좀 쉽게 얘기해볼게. 인식론적 간극이 생기는 건
인간의 구조에 있는 우연한 특징 때문이라는 주장을
내가 하고 있다는 말이지?

포넨스 　맞아.

톨렌스 　그게 그렇게 뜻밖의 일이야? 내 기본 발상은 실재에는
간극이 없고, 우리가 실재를 아는 방식에만 간극이 있
다는 거야. 인식하는 사람에게서 모든 인지적 제한을
없애면, 인식론적 간극이 사라진다고 해도 놀랄 일은
아니야.

포넨스 　원래 메리 사례에 대한 네 직관이 메리가 신비로운 신
경 제한이 있는 보통 사람이라는 가정에 따라 나온 거
니? 이 가정이 결정적인 역할을 했어? 아닐걸. 그 대신
네 직관은 좀더 일반적인 인식, 즉 물리적 정보를 곰곰
이 생각하는 것만으로는 빨간색을 보는 느낌이 어떤 것
인지 알 수 없다는 인식에서 나온 거 아닐까?

톨렌스 　포넨스, 내가 왜 이 직관을 가지고 있는지는 나도 몰
라. 하지만 이 말은 해야겠어. 네가 메리를 나 같은 사
람들과 아주 다르게 만든다면, 내 직관의 샘은 금세 말
라버릴 거야. 난 화성인 메리가 된다는 게 어떤 것인지

모르고, 화성인 메리에 대해 무슨 말을 해야 할지도 모르겠어. 난 내 현상적 개념 이론이 원래의 논증, 즉 주인공이 아주 똑똑하지만 인간인 논증에 답을 준다면 그걸로 만족해.

포넨스 내 생각엔, 화성인 메리에 기초한 논증은 원래의 논증만큼 설득력이 있어. 하지만 너 좋을 대로 생각해.

톨렌스 그러려고. 하지만 네 주장에 따라서도 생각해보자. 내 신경 장벽 이론이 틀렸다고 해보자고. 그렇다고 해도, 넌 내가 받아들일 필요가 없는 가정을 하고 있는 거야.

포넨스 그게 뭔데?

톨렌스 넌 물리적 진리로부터 색 경험에 대한 현상적 진리가 연역될 수 있다면, 메리가 그 연역을 할 수 있다고 가정하고 있어.

포넨스 그래, 그게 뭐가 문젠데?

톨렌스 곧 알려주지. 하지만 먼저 현상적 개념으로 돌아가자. 난 현상적 개념이 경험과 유별나게 밀접한 관계를 맺는다고 생각해. 탁자 개념을 얻기 위해 우리가 특정한 유형의 경험을 해야 할 필요는 없어. 도롱뇽 개념과 수 개념도 마찬가지야. 하지만 현상적 빨강 개념, 즉 빨간색을 보는 느낌에 대한 개념을 얻으려면 빨간색을 봐야할 거야. 아마도 이게 현상적 개념의 작동 방식이겠지.

포넨스 글쎄. 빨간색이 아니라 어두운 분홍색을 봤다고 하면 어떨까? 어두운 분홍색을 마음속에서 조금 더 어둡게 만들어서 빨간색을 보는 느낌이 어떤 것인지 알아낼 수 있지 않을까? 그러면 빨간색을 본 적이 없음에도 현상적 빨강 개념을 얻을 수 있는 거 아니야?

톨렌스 좋아, 현상적 개념을 소유하기 위한 경험 조건이 그렇게 엄밀하진 않은 것 같군. 그럼에도 상대적으로 비슷한 경험을 해야 한다는 점은 변하지 않아.

포넨스 조건을 덜 엄밀하게 만들어도 소용없을걸. 메리가 방 안에서 과학 연구를 한다고 상상해봐. 메리는 자신의 놀라운 물리적 지식을 사용해서 빨간색을 여러 번 본 경험이 있는 여성의 물리적 쌍둥이를 만들어내. 이 쌍둥이는 빨간색을 보는 느낌이 어떤 것인지 알 거야. 내가 빨간 사물을 보고 있지 않을 때나, 빨간 사물을 보는 것을 상상하고 있지 않을 때 아는 식으로 말이야. 하지만 나와는 달리, 쌍둥이 여성은 빨간색을 본 적이 없겠지.

톨렌스 그래, 어디 보자. 프랑켄메리가 빨간색을 보는 느낌을 알지 모를지 난 잘 모르겠어. 아마 알겠지 뭐. 하지만 프랑켄메리의 현상적 지식조차도 경험적 상태에 속하는 성향을 갖는 것과 엄청나게 관계가 깊어. 너처럼 현상적 개념 소유에 대한 경험 조건을 얼마나 정확히 체계화해야 하느냐를 문제 삼는 건 사소한 트집을 잡아서 옆길로 새는 일이야.

포넨스   난 옆길로 새는 게 좋은데. 영화의 서브플롯 같잖아. 본 줄거리보다 나을 때도 있다고.

톨렌스   그리고 광고 같을 때도 있지.

포넨스   그렇긴 해.

톨렌스   다시 내 주장으로 돌아와서 정리해보자. 현상적 개념은 경험 및 현상적 속성과 유별나게 밀접한 관계를 맺고 있어. 심지어 현상적 개념이 현상적 속성을 구성하거나, 아니면 부분적으로 구성하는 것 같기도 해. 하지만 세부사항이야 어떻든 간에, 빨간색을 보지 않고 현상적 빨강 개념을 소유하기란 불가능하지는 않더라도 대단히 어려운 일이야. 프랑켄메리처럼 기묘한 사례가 있기는 해도 말이야.

포넨스   그래, 인정해. 그래서 뭐?

톨렌스   내 말이 옳다면, 메리 사례는 인식론적 간극을 시험하기에 적합하지 않아. 메리가 방을 나가기 전에 색을 보는 느낌이 어떤 것인지 알지 못하는 이유는 인식론적 간극이 있기 때문이 아니야. 단지 그런 지식을 소유하는 데 필요한 개념이 메리에게 없기 때문이지.

포넨스   흥미롭군. 그러니까 네 주장은, 메리가 방을 나가기 전에 빨간색을 보는 느낌이 어떤 것인지 알아낼 수 없음이 메리의 뇌에 대한 우연한 사실과 무관하다는 거잖

    심야의 철학도서관

아? 화성인 메리도 그런 연역을 할 수 없다는 거지?

톨렌스 　맞아.

포넨스 　좋아. 무슨 말인지 이해했어. 하지만 또 다른 점이 걱정 스러운걸.

톨렌스 　설마!

포넨스 　그래, 네 새로운 견해는 딜레마에 빠져.

톨렌스 　또 딜레마야! 짜증 나!

포넨스 　이번 딜레마는 석방 전의 메리가 알아낼 수 있는 것과 관련이 있는데, 색 경험이 아닌 현상적 색 개념과 관계돼. 메리가 물리적 정보로부터 이론을 세워서 이 개념에 대한 모든 것을 연역할 수 있느냐, 없느냐의 문제야.

톨렌스 　그래.

포넨스 　연역할 수 있다면, 메리는 방을 나갈 때 인식론적 측면에서 전혀 나아지지 않아.

톨렌스 　흠. 그렇다면 딜레마의 이쪽 팔은 내가 인식론적 간극을 부정하도록 이끄는군.

포넨스 　그렇지. 잠깐! 딜레마에 팔이 있다고? 뿔이 있는 줄 알았는데.

톨렌스 　뿔도 있고 팔도 있어. 딜레마는 발로그와 비슷하게 생겼다고.

포넨스 　그랬구나, 프로도.

톨렌스 　어째서 내 입장을 고수하면서 '인식론적 간극이 위태로

워졌다'라고 결론 내릴 수 없는 거지?

포넨스   그럴 수 있어. 하지만 그러려면 네 입장에 유리한 정보
가 더 많이 필요해. 메리가 어떻게 현상적 개념을 결여
하고 있는지를 이야기하는 걸로는 부족하지.

톨렌스   왜?

포넨스   「좀비의 역습」의 요점을 떠올려봐. 그게 여기에도 적
용돼.

톨렌스   또 다른 속편 등장!

포넨스   가까운 극장에서 절찬 상영 중! 이전에 현상적 지식이
담당했던 역할을 지금은 현상적 개념이 담당하는 거야.
하지만 줄거리는 같지. 메리는 현상적 색 개념을 얻는다
고 해도, 좀비세계를 논리적 모순 없이 상상할 수 있어.
그리고 이것이 시사하는 바는, 메리가 적절한 개념을
모두 얻는다고 해도, 물리적 진리로부터 현상적 진리를
연역할 수는 없다는 거야. 메리의 논리적 추론 능력에
한계가 없더라도 말이야.

톨렌스   그놈의 좀비 녀석들.

포넨스   그래, 좀비가 어디 쉽게 죽나. 어쨌든, 이게 딜레마의 한
쪽 팔이야. 이제 다른 쪽 팔을 볼 차례인데, 메리가 물
리적 정보로부터 현상적 색 개념에 관한 모든 것을 연
역할 수 없다고 가정하자. 네 견해에 의하면, 메리는 인
식론적 측면에서 나아질 수 있어. 하지만 그렇게 되면,

우리는 이전에 메리의 현상적 개념 결여에 이 수를 두려고 했을 때와 본질적으로 마찬가지 입장에 처하게 돼.

톨렌스 어째서?

포넨스 메리는 물리적인 모든 것을 알고 추론 능력에 빈틈이 없어. 어떤 개념이 경험과 매우 긴밀히 얽혀 있어서 메리조차도 그 본성을 완전히 이해할 수 없다면, 마음의 특징이 전부 객관적인 건 아니라고 해야 해. 그런데 물리주의는 마음의 속성이 전부 객관적이라고 주장하지. 그러니까, 현상적 속성에서 제기된 기존의 문제가 현상적 개념의 수준에서 재등장하는 거지.

톨렌스 아, 객관성인지 뭔지가 또.

포넨스 돌아왔지.

톨렌스 많은 것이 두 가지 원리에 의존하는군. 첫째는 위장은 무지에 의존한다는 원리. 둘째는 물리적 진리는 객관적이라는 원리인데, 원리적으로 이것들은 순수한 추론만으로 이해할 수 있지.

포넨스 맞아. 난 두 원리가 모두 상당히 견고하다고 생각해.

톨렌스 난 의심스러워. 특히 두 번째 전제가. 하지만 지금은 그냥 넘어가자.

포넨스 왜? 난 준비됐어.

톨렌스 난 아냐. 뇌가 타는 것 같다고. 그래도 하나만 더 물어보자. 슬슬 걱정되는 게 있는데, 지난 며칠 동안 우리가 논증의 나무에만 집중하느라 변증법의 숲을 무심코 지나치진 않았을까?

포넨스   그러게.

톨렌스   우리는 이원론을 옹호하는 데카르트의 논증에서 시작했잖아.

포넨스   누스가 참 좋아했는데.

톨렌스   맞아, 그다음엔 현대적 반물리주의 논증으로 향했지. 반물리주의 논증 대부분이 데카르트의 논증과 상당히 비슷했어, 맞지?

포넨스   맞아, 중요한 차이점이 있긴 해도. 우선, 데카르트는 경험보다는 사고에 집중했지. 게다가, 데카르트의 논증은 비물리적인 영혼의 존재를 상정해. 반면에 현대적 논증은 물리적 정보나 물리적 속성을 주제로 더 약한 결론을 내리는 걸 목표로 하지.

톨렌스   좋아, 하지만 눈에 띄게 비슷한 점도 있어. 좀비와 전도된 스펙트럼 등등을 비롯한 상상가능성 논증 사례에서 이 점이 명백해 드러나지. 이 논증들과 데카르트의 논증은 모두 심적인 것과 물리적인 것에 관련된 상상가능성 주장에서 출발해. 그리고 두 논증 모두 이 주장을 상상가능성과 형이상학적 가능성을 연결하는 원리와 결합시켜 심적인 것의 비물리성에 대한 결론을 끌어내지.

포넨스　　그래, 맞아. 사실, 지식 논증과 관련해서도 비슷한 말을 할 수 있어. 좀 간접적이지만, 지식 논증도 상상가능성 주장에 의존한다고 볼 수 있어. 「좀비의 역습」의 요점을 떠올리면 꽤 분명하지. 그리고 독립적으로도 그럴듯해. 석방 전의 메리는 빨간색을 보는 느낌이 어떤 것인지 이런저런 식으로 상상해볼 수 있어. 다시 말해, 메리는 자신의 총체적인 물리적 지식으로 이 문제에 답을 내릴 수 없단 말이야. 게다가, 데카르트의 논증을 비롯한 모든 상상가능성 논증이 상상가능성에서 가능성으로 향하는 추론을 명시적으로 제시하는데, 지식 논증도 이와 비슷한 추론을 포함해.

톨렌스　　좋아, 알겠어. 하지만 네가 이 유비를 적절하다고 인정하는 점은 놀라운데. 넌 데카르트의 논증이 작동하지 않는다는 데 결국 동의했었잖아. 아르노가 이 논증이 잘못된 추론에 의존한다는 점을 밝힌 거 아니었어?

포넨스　　그렇지 않은데. 기억을 더듬어봐. 아르노는 이견을 제시한 거야. 아르노는 뭔가를 상상한다고 해서 그것이 실제로 가능하지는 않다고 말했는데, 그 상상이, 데카르트의 표현대로 말하자면, 맑고 또렷하지 않을 경우에 그렇다고 했지. 이 견해는 데카르트의 전제 둘을 모두 그럴듯하게 만들어주는 맑고 또렷한 상상가능성에 대해 한 가지 개념을 제시하지. 여기서 두 전제란, 몸 없는 마음을 맑고 또렷하게 상상할 수 있다는 전제, 그리고 맑고 또렷한 상상가능성이 형이상학적 가능성을 함축한다는 전제를 일컬어.

톨렌스 알았어, 반증이 아니라 도전이다. 우리가 이 견해에 답을 내놓은 적이 있던가? 없는 것 같은데.

포넨스 데카르트의 주장을 입증할 방법을 찾긴 힘들걸. 하지만 '맑고 또렷함'이란 발상을 좀더 정교하게 다듬을 방법은 있지. 오직 가설 H가 좋은 추론에서 배제될 수 없을 경우에만, 가설 H를 맑고 또렷하게 상상할 수 있다. 즉 H로부터 어떤 모순적인 것도 연역할 수 없을 경우에 그렇다는 말이야.

톨렌스 알았어. 그런데 그 생각으로 아르노를 만족시킬 수 있었을까?

포넨스 힘들겠지. 하지만 아르노는 스무 번째 자식이었어. 스무 번째 아이의 기분을 맞춰주기란 여간해서는 힘들어. 게다가 철학자가 되면 더더욱 그렇지.

톨렌스 상상이 간다. 하지만 난 외동인데도 수긍이 안 가.

포넨스 음, 외동은 나름의 문제가 있는 법이지. 자면서 고민해보자.

톨렌스 그래.

금요일 밤

장면: 언젠가는 발각될 은신처에서 포넨스와 톨렌스가 근처의 환풍기 쪽으로 귀를 기울인다.

톨렌스   너도 들었어?

포넨스   아니, 전혀.

톨렌스   다시 들어봐야지. 분명 환풍기에서 무슨 소리가 났어.

포넨스   난방장치 돌아가는 소리일 거야.

톨렌스   그런 소리가 아니라 뭔가 종종대는 소리였어. 쥐만 아니면 좋겠다.

포넨스   나도. 쥐랑은 같이 못 자. 지금 옆에 있는 녀석만 빼고.

톨렌스   지금은 아무것도 안 들리네. 무슨 소리가 나긴 났는데.

포넨스   잘됐다. 얼른 자야지.

톨렌스   뭐? 우린 방금 도착했잖아! 의식에 대해 이야기하고 싶지 않아?

포넨스   넌 질리지도 않냐?

톨렌스   난 괜찮아. 빨리 네 입장이나 말해.

포넨스   전에 분명히 얘기했잖아. 내 견해는 반물리주의 논증이 제대로 작동한다는 거야.

톨렌스   하지만 그런 논증은 물리주의가 틀렸음을 지적하는 소극적 논증이야. 물리주의를 어떤 견해로 대체해야 하는지는 말해주지 않는다고. 난 네 적극적 입장이 궁금해.

포넨스   좋아. 난 네가 사전에 철저하게 검토한 적 없는 견해를 받아들이게 하고 싶진 않아.

톨렌스   나도 네 주장을 곧이곧대로 받아들일 생각은 없지만, 일단 내 거부 입장을 명확히 해두는 게 좋겠어. 난 세계가 전적으로 물리적이라고 생각하지만, 다른 주장도 아주 정신 나간 소리는 아니라고 봐.

포넨스   그래. 내가 물리주의를 거부한다고 말하면, 사람들은 내가 초자연적인 뭔가를 믿을 거라고 생각하더라. 이를테면, 이승을 떠돌며 애먼 땅 주인에게 살림살이를 집어던지는 유령 말이야.

톨렌스   옛 묘지에 택지를 조성하는 부동산 개발업자한테도 던질 거야.

포넨스   맞아. 하지만 명심해. 난 영혼을 믿지 않아.

톨렌스   그럼 마음이 뇌라는 주장을 받아들이는 거야?

포넨스   뇌가 비물리적이며 현상적인 속성, 즉 비물리적인 감각질qualia을 가질 수 있다는 걸 네가 허용한다면, 그럴 수도 있어. 그리고 난 분명 설명에 대한 네 견해에 부분적으로 동의해. 인지 상태는 물리적으로 완전히 설명될 가능성이 크지. 하지만 의식을 포함하는 인지 상태는 예외야. 난 의식 경험과 의식 경험을 포함하는 상태만은 물리적으로 설명할 수 없다고 생각해.

톨렌스 좋아, 영혼을 받아들이는 전면적인 이원론보다는 약한 주장이네. 하지만 여전히 이상해. 뇌에 색색 사탕 가루 같은 걸 뿌려놓은 그림이 떠오른다고.

포넨스 흠, 입맛이 당기는데. 하지만 넌 완전히 헛다리 짚었어. 속성은 사탕 가루 같은 게 아니야. 사탕 가루는 사물 thing이지 속성property이 아니라고.

톨렌스 그럼 뭔데?

포넨스 특정한 형이상학적 그림에 집착하고 싶진 않지만 여기에서는 케케묵은 예가 도움이 될 듯해. 소크라테스는 들창코였대.

톨렌스 뭐야. 그게 어쨌다고?

포넨스 고대 그리스에서는 들창코가 흔하지 않았는지 사람들은 늘 그에 대해 한마디씩 했어. 어쨌든, 들창코임은 소크라테스 코의 속성이지, 코 위에 있는 사물이 아니야. 속성을 '양태mode'*라고 부르는 철학자도 있어.

톨렌스 너도 양태라고 부르지그래?

---

* 라틴어로 옮기면 'modus'가 된다.

포넨스   난 싫어.

톨렌스   맘대로 해.

포넨스   코가 들창코임은 아이스크림 위에 뿌려진 사탕 가루와
        는 달라. 네가 소크라테스의 코를 후려쳐서 주저앉혔다
        고 해보자. 몇몇 아테네인이 분명히 그런 충동을 느꼈
        을 거야. 소크라테스의 코는 들창코임을 잃지만, 이건
        들창코임이 배수로로 흘러드는 것과는 달라.

톨렌스   이해했어. 다시는 사탕 가루를 들먹이지 않을게.

포넨스   그러니까 의식의 속성도 소크라테스의 들창코임과 마
        찬가지로 속성이야. 하지만 들창코임과는 달리 감각질
        이라고도 하는 현상적 속성은 물리적 속성이 아니지.

톨렌스   어떤 속성이 물리적이라는 게 무슨 뜻이지?

포넨스   그건 '물리적'이 의미하는 바에 달려 있어. 예를 들어,
        '물리적'이 물리학이 상정하는 바에 따라 모든 것이 결
        정됨을 의미한다고 가정하자. 그러면, 들창코임은 물리
        적이야. 그에 반해, 나와 같은 비물리주의자에 의하면,
        감각질은 물리학이 상정하는 것으로 결정되지 않으니
        까 물리적이지 않지.

톨렌스   내가 생각했던 그림을 수정하기는 했는데, 그게 정확히
        어떤 건지는 모르겠어. 어떻게 두뇌 작용과 같은 물리
        적 사건이 비물리적인 속성을 가질 수 있다는 건지 모
        르겠네.

포넨스   어떻게 비물리적인 사건이 비물리적인 감각질을 가질
        수 있는지는 알겠고? 이 문제도 만만치 않을걸?

톨렌스   그래? 난 알겠는데. 비물리적인 영혼이 있다고 하면 어
        떨까? 난 영혼 같은 건 안 믿어. 하지만 만약 영혼이 존
        재한다면, 네가 기대하는 비물리적 감각질이 있는 상태
        를 갖는 것이 바로 영혼 아닐까?

포넨스   그럴 수도 있지만, 영혼의 비물질성이 도움이 되는 이
        유가 불분명해. 영혼은 공간 안에 없다거나 영혼은 물
        리법칙을 따르지 않는다는 말이 무슨 쓸모가 있겠어.
        메리가 흑백 화면을 통해 본 과학 강의가 모든 물리적
        진리뿐만 아니라 데카르트주의 영혼을 지배하는 모든
        법칙까지 다룬다고 해보자. 메리는 그런 식으로 배울
        수 있는 모든 물리적 진리와 더불어 모든 비물리적 진
        리까지 알게 돼. 그렇다고 해도, 이 논증은 원래의 논
        증과 동일하게 진행돼.

톨렌스   잠깐. 난 지식 논증이 물리주의에 대한 도전이라고 생
        각했어. 이원론자도 지식 논증을 두려워해야 하는 거
        야?

포넨스   어느 정도는. 이원론의 세부사항에 따라 다르지. 네이
        글이 자신의 책『객관적 관점The View from Nowhere』에서
        이 점을 잘 지적했어. 내가 책을 가져올게.

포넨스가 네이글의 책을 찾아 서고를 뒤진다. 그사이에 톨렌스는 회전 책장

옆에 붙어 있는 반짝이는 금속에 자신의 코를 비춰본다. 잠시 후 포넨스가 돌아온다.

톨렌스 내 코가 좀 들렸나?

포넨스 뭐라고?

톨렌스 내 코 말이야. 소크라테스 같아?

포넨스 아니, 넌 들창코 아니야.

톨렌스 전혀?

포넨스 전혀. 그만하고 내가 말한 구절을 보자.

이원론에 대한 주요 반론은 이원론이 추가적인 비물리적 실체를 상정하는데, 어떻게 이 실체가 주관적인 심적 상태를 뒷받침할 수 있고 뇌는 그럴 수 없는지를 설명하지 않는다는 것이다. 심적 사건이 그저 물리적 사건만은 아니라고 결론 내린다고 해서, 그로부터 심적 사건과 물리적 사건을 매개하는 기능만을 하는 유형의 실체를 소환함으로써 우주에서 심적 사건이 차지하는 위치를 설명할 수 있다는 결론이 나오진 않는다. 여기에는 두 가지 요점이 있다. 첫째, 이런 실체를 상정하는 것으로는 어떻게 이런 실체가 심적 사건의 주체일 수 있는지를 설명할 수 없다. 질량과 에너지, 공간적 차원을 결여한 무언가가 있다고 하면, 그것이 된다는 게 어떤 것인지 더 잘 이해하게 되는가? 진정으로 어려운 과제는 객관적 질서에 속하는 무언가가 갖는 본질적으로 주관적인 상태를 이해하는 것이다. 둘째, 심적 상태를 비물리적 실체에 귀속시킴으로써 세계 안에서 그 위치를 찾을 수 있다고 하면, 마찬가지로 물리적 속성 또한 갖는 어떤 것 안에서 그 위치를 찾지 못하리라고 생각할 이유가 없다.

톨렌스 좋아, 그럴듯하네. 하지만 반물리주의 논증을 믿는 누군가는 여전히 영혼 이론을 받아들일 수 있어.

포넨스 그럴 테지만, 반드시 그래야 하는 건 절대 아니고, 바람직하지도 않아. 난 비물리적인 현상적 속성의 존재를 받아들일 충분한 이유가 있다고 생각해. 하지만 다른 비물리적인 현상을 상정해야 할 필요는 없어. 그걸 믿도록 하는 다른 논증이 있는 게 아니라면.

톨렌스 조심해. 계속 그렇게 깐깐하게 생각하다가는 나처럼 물리주의자가 되고 말걸!

포넨스 그럴 일은 없어.

톨렌스 너무 자신하지 마. 네 견해에서 꽤 이상한 귀결이 나오니까.

포넨스 얘기해봐.

톨렌스 네 생각에 따르면, 물리적 현상은 물리적 용어로 완전히 설명될 수 있어. 네 견해에 따르면, 그렇기 때문에 메리는 흑백 방 안에서 색시각에 대한 완성된 과학을 배울 수 있고, 맞지?

포넨스   그래, 맞아.

톨렌스   그렇다면, 네가 믿는 비물리적 속성은 우리 인지활동의
토대인 물리적 상태와 물리적 작용을 포함해 물리적인
어떤 것을 설명하는 데도 필요하지 않다는 거네?

포넨스   아마도. 그렇지 않다면, 물리 과학은 자신의 범주 안에
있는 것조차 전부 설명할 수 없게 되는데, 그건 말이
안 되지.

톨렌스   그렇다면 비물리적인 감각질이 하는 일이 뭐야? 내가
손을 덴다고 해봐. 난 "아야" 소리를 내며 버너로부터
손을 움츠리겠지. 넌 이런 행동이 물리적 용어로 완전
히 설명된다는 걸 받아들여. 하지만 내 고통 감각질이
비물리적이라고도 하지. 이에 따르면, 고통 감각질은 내
가 "아야" 소리를 내거나 손을 움직이도록 만들지 않
아. 그런데 이건 말이 안 돼. 현상적 고통 성질이 이런
행동의 원인이 아니라면, 그런 속성이 과연 존재하는지
가 의심스러워지잖아. 현상적 속성은 불필요한 이론적
장식의 끝판왕 같아.

포넨스   이론적 장식? 네가 고통 감각질을 믿는 유일한 이유가
고통 감각질이 행동을 일으키는 역할을 하기 때문이라
는 거니? 넌 고통을 느껴보기나 한 거야? 고통이 행동
을 일으키는지 여부는 중요하지 않아. 고통은 아프다고!

아무튼, 비물리적 감각질이 행동에 영향을 주지 않는다는 걸 우리가 어떻게 알지? 물리 과학으로는 신체 행동이 어떻게 일어나는지를 완전히 설명하지 못할 텐데.

톨렌스 음. 설명 방법이 몇 가지 있지. 한 가지 방법은 신체 행동을 일으키는 데 물리적 원인과 현상적 원인이 둘 다 필요하다고 하는 거야. 예를 들어, 체중계 눈금을 180킬로그램까지 올리려면, 너와 내가 둘 다 필요하잖아. 이 경우에는 공통 인과가 있는 거지. 신체적 사건을 설명하려면, 물리적 속성과 현상적 속성이 둘 다 필요해. 하지만 그렇다고 하면, 물리학은 제 영역을 완전히 설명할 수 없게 되겠지. 비물리적인 뭔가가 필요할 테니까. 그리고 넌 이 생각을 받아들이지 않을 거야.

포넨스 맞아, 내 주장은 그런 게 아니야.

톨렌스 비슷한 것 같은데. 네 주장은 어떤 행동엔 두 가지 충분 원인, 즉 현상적 원인과 물리적 원인이 있다는 거잖아. 이를테면, 내 고통 경험의 느껴진 성질felt quality이 독립적으로 일련의 사건을 일으켜서 내가 "아야" 소리를 내며 가스레인지에서 손을 움츠리게 만들고, 또한 고통의 느껴진 성질과 동시에 발생한 내 뇌의 물리적 속성이 독립적으로 동일한 일련의 사건을 일으키지. 우연의 일치로 말이야!

포넨스 우연의 일치가 불가능하지는 않아.

톨렌스 　그럼, 하지만 현상적 속성이 물리적 결과를 낳을 때마다, 때마침 우연히 물리적 속성이 거기에 있어서 같은 결과를 낳는다는 건 의심스러워. 내가 450킬로그램을 혼자 들어 올릴 수 있다고 자랑하는데, 우연히도 그 말을 네게 '입증'하려고 할 때마다 우람한 역도 선수가 내 역기를 같이 들고 있다면, 넌 당연히 내 자랑을 의심할 거잖아, 안 그래?

포넨스 　그렇겠지.

톨렌스 　네가 사랑하는 비물리적 감각질이 어떻게 물리적 결과, 즉 물리적 속성이 낳는 물리적 결과를 일으키는지에 대한 네 주장도 이와 마찬가지로 의심해야 하는 거 아닐까?

포넨스 　유비가 적절하지 않은데. 거버네이터와 나는 역기를 같은 방식으로 들어. 이와 달리, 현상적 인과와 물리적 인과는 다른 식으로 작동해. 난 두 원인이 낳는 결과가 같다고 해도, 물리적 원인의 존재가 현상적 원인의 존재를 배제한다고는 생각하지 않아. 이건 아주 난해한 문제야.

톨렌스 　이렇게 간단한 문제조차도 난해하게 생각하다니 너답네. 행동을 낳는 데는 물리적 원인만 있으면 충분해. 비물리적인 현상적 속성이 할 일은 없다고.

포넨스 　과연 그럴까? 넌 특정한 인과 모델을 가정하고 있어.

그 모델에 따르면, 인과 작용이 일어나기 위해서는 일정한 에너지만 있으면 그만이야. 물리적 원인이 행동을 일으키기에 충분한 에너지를 쏟으니까, 현상적 원인은 에너지가 있다고 해도 그걸 쏟을 필요가 전혀 없게 되지. 어쨌든, 할 일이 없다는 네 말을 난 이렇게 이해했어. 하지만 이 모델은 우리가 다루고 있는 사례에 적합하지 않을걸.

톨렌스　내 결론이 특정한 모델에 의존하는지는 잘 모르겠어. 난 여러 인과 모델과 상관없이 내 주장을 논리적으로 입증할 수 있어. 하나가 다른 하나를 위해 충분하다면, 다른 어떤 것도 필요하지 않아. 좀비 논증이 주장하듯이, 현상적인 것은 물리적인 것의 존재에 형이상학적으로 필수적이지 않고, 모든 물리적 사건에 충분한 물리적 원인이 있다면, 현상적인 어떤 것도 물리적인 사건에 인과적으로 필수적이지 않아.

포넨스　그럴 테지, 하지만 그렇다고 해서 현상적인 것이 물리적인 것과 인과적으로 연관된다는 주장이 터무니없다고 결론 내릴 수는 없어. 특정한 인과 모델에서는 연관이 될 거야.

톨렌스　마음에 둔 모델이 있다는 뜻이야?

포넨스　인정할게. 당장은 없어.

톨렌스　기다리지 않아도 되지?

포넨스   그래. 생각을 더 해봐야겠어. 아무튼, 네 말이 옳아서 비물리적인 현상적 속성이 물리적 결과를 낳지 않는다고 해보자. 그래서 뭐 잘못될 게 있어? 현상적 속성은 아마도 부수현상적일 거야. 다시 말해, 현상적 속성은 물리적 원인을 갖지만 물리적 결과를 낳지는 않는다는 말이지. 잭슨이 메리 사례를 소개한 논문에서 이 견해를 옹호했어. 심지어 논문 제목도 「부수현상적 감각질」이지.

톨렌스   잠깐만, 분명히 짚고 넘어가자. 넌 현상적 속성이 물리 세계에 전혀 영향을 미치지 않는다는 생각을 심각하게 받아들이는 거야?

포넨스   그래.

톨렌스   말도 안 돼. 현상적 속성이 물리적 결과를 낳는다고 가정하는 게 네 논증 아니야? 네 견해에 따르면, 메리가 마침내 빨간색을 보고 나서 그런 경험을 하는 느낌이 어떤 것인지 알게 될 때, 현상적 속성이 메리를 "아하!"라고 반응하게 만드는 거 아니냐고?

포넨스   사실 난 그 문제를 열어놨어. 현상적 속성, 이를테면 색 감각질은 메리의 지식 증가와 중대한 관련이 있어. 여기까지는 참이지. 하지만 현상적 속성이 원인이 되어 메리가 물리적 반응인 "아하" 소리를 낼까? 그럴지도 모르지. 하지만 난 여기에 답하지 않고 넘어가겠어.

톨렌스   하지만 네 논증 전체가 메리 사례에 대한 직관에 바탕을 두고 있어. 색 감각질이 메리에게 "아하!" 반응을 일으키지 않는다는 생각은 명백히 반직관적이지 않아?

포넨스   어쩌면. 하지만 난 상식이 언제나 옳다고 한 적은 없어.

톨렌스   그 점에는 나도 전적으로 동의해. 하지만, 어떤 이론이 말 그대도 아무것도 하지 않는 속성을 상정한다면, 그 이론은 틀림없이 뭔가 잘못된 거야.

포넨스   속성이 아무것도 하지 않는다는 말이 무슨 의미야? 물리적 결과를 낳지 않는다는 뜻인가?

톨렌스   그렇지.

포넨스   그렇다면, 난 네 원리가 의심스러운걸. 현상적 속성은 물리적 결과를 낳지는 않지만, 다른 설명적 역할을 해. 현상적 속성은 어떤 상태를 느끼는 방식을 설명하지. 다시 말해, '어떤 느낌인지'를 설명한다는 말이야.

톨렌스   하지만 이 인과적 수수께끼가 네가 잘못된 길에 빠졌음을 보여주는 거 아닐까? 현상적 속성이 결국 아무것도 하는 일 없이 그저 덧없이 떠도는 느낌의 역할만을 한다면, 현상적 속성은 자연의 잉여에 가까스로 속한다고 해도 과언이 아니야. 이건 완고한 데카르트 할아버지의 그림보다 나을 바 없는 우아하지 못한 그림이지.

포넨스   그래, 알겠어. 하지만 부수현상론자는 이에 대해서도 문제를 제기할 거야. 아마 다음과 같이 질문하겠지. 현상적 속성이 세계의 인과적 짜임새에 이음매 없이 통합되기를 기대해야 할 이유가 무엇인가?

톨렌스   좋은 질문이군. 이 논점은 단순함과 우아함에 관련된다고 생각해. 복잡함과 우아하지 못함은 이론이 참일 가능성을 낮춰. 그리고 부수현상론에는 그런 결점이 있지. 부수현상론은 세계를 필요 이상으로 분할된 모습으로 그리고 있어. 이 그림을 지지하는 강력한 증거나 논증이 있다면 부수현상론을 받아들여야겠지. 하지만 그런 증거나 논증은 없어.

포넨스   넌 부수현상론을 지나치게 무시하고 있어. 감각질의 물리적 영향력을 의심하는 부수현상론자를 지지하는 견해가 있다고.

톨렌스   이를테면?

포넨스   먼저 네가 어젯밤에 이야기한 것과 비슷한 진화론적 견해가 있지. 곰곰이 생각해보면, 지각과 감각을 함으로써 얻는 생존상의 이점은 지각하고 감각하는 느낌이 어떤 것이냐에 기인하지 않아. 생존에서 중요한 건 그와 관련된 기능이지. 회피행동 같은 기능 말이야. 손을 데는 사건이 네가 다음에 그런 행동을 회피하는 상태에 있도록 만드는 한, 그 상태가 현상적으로 정확히 어떤 느낌인지, 아니 그 상태에 현상적 느낌이 있는지 없는지조차 중요하지 않아. 진화는 행동을 낳는 상태를 선호

할 거야. 이와 관련된 감각질은 개의치 않고 말이야.

톨렌스   그러니까 넌 현상적 속성이 자연선택을 거쳐서 진화한
행동, 이를테면 아주 뜨거운 표면을 피하려는 것과 같
은 행동을 일으키기를 기대하진 말라는 거지?

포넨스   중요한 점은, 진화된 행동적 특징과 연관된 현상적 성
질이 행동적 특징에서 본질적이지 않다는 거야. 행동적
특징은 현상적 속성이 전혀 연관되지 않았어도 같은
방식으로 진화했을지 몰라.

톨렌스   그 정도가 아니야. 자연선택의 작동 방식을 고려하면,
우리의 심적 상태는 물리적 결과를 낳지 못하는 어떤
속성도 갖지 않을 거라고 예상하는 편이 합리적이야.

포넨스   글쎄. 모든 신체적 특징이 생존에 이점을 제공한다는
이유로 존재하는 건 아니야. 어떤 특징은 적응 자체가
아닌 적응의 부산물이지. 그렇다면, 현상적 속성을 부
산물로 볼 수도 있지 않을까? 게다가, 우리가 일반적으
로 감각질이 담당하리라고 여기는 인과적 역할을 사실
은 감각질이 수행하지 않는다는 증거도 있어.

톨렌스   예를 들면?

포넨스   세라가 놓고 간 책에 이와 관련된 실험이 언급돼. 여기
있다.

각 피험자는 지정된 그림이나 물건에 갑자기 손을 대라는

지시를 받았다. 피험자가 손을 뻗고 나서 손을 목표물에 대기 전에, 목표물의 위치가 바뀌었다. 피험자는 손을 뻗는 방향을 '중간에' 바꿔서 새로운 위치에 있는 목표물에 손을 댔다. 이 실험에서 흥미로운 점은 피험자가 중간에 손의 방향을 바꿨다는 사실을 자각하지 못했다는 점이다. 피험자는 무의식적으로 방향을 전환했다.

톨렌스　흥미롭군. 하지만 이 실험이 뭘 입증한다는 거야?

포넨스　이 실험이 시사하는 건, 목표물을 보는 것과 연관된 시각 감각질이 피험자가 해당 방향으로 손을 뻗는 행동의 원인이라는 생각이 틀렸을지 모른다는 거야.

톨렌스　흠.

포넨스　이 실험과 다른 실험에 따르면, 환경 변화를 의식적으로 자각할 때조차, 몸이 자체적으로 운동과 적응과정을 시작한 다음에야 이런 자각이 일어나. 요컨대, 자극이 신체 반응을 일으키는 것보다 의식에 영향을 미치는 데 시간이 더 걸려. 아니면, 적어도 그럴 때가 있어. 이런 경우에, 자극과 연관된 현상적 속성은 행동적 반응을 일으키지 않는 것처럼 보이지. 적어도 우리가 일반적으로 생각하는 방식으로는 아니란 말이야.

톨렌스　그거 재미있군. 하지만 별로 놀랄 일은 아닌데. 스쿼시나 라켓볼처럼 민첩성이 필요한 운동을 해보면……

포넨스　　탁구도 있지. 탁구는 세계에서 가장 빠르고 대단한 운동이야.

톨렌스　　포넨스, 밖에 나가서 좀 돌아다녀.

포넨스　　그래야지. 하지만 운동하기엔 바람이 너무 세.

톨렌스　　어, 그래. 아무튼 그런 운동에 능숙해지면, 자기가 뭘 하는지 의식적으로 알아채기도 전에 정확하게, 기술적으로 반응하게 돼.

포넨스　　그렇지.

톨렌스　　하지만 이건 감각질이 물리적 결과를 전혀 낳지 못한다는 주장을 뒷받침하지 못해. 이 실험들은 사실상 감각질이 어떤 물리적 결과를 낳는다는 것을 전제하지.

포넨스　　어째서?

톨렌스　　경험이 신체 반응에 뒤처진다는 것을 입증하려면, 과학자들은 경험이 시작되는 순간에 대한 증거가 필요할 거야.

포넨스　　그렇지. 일반적으로 피험자들은 환경 변화를 알아채는 순간에 말을 하거나 버튼을 누르라는 지시를 받아.

톨렌스　　거 봐. 의식적 자각과 그 자각을 음성으로 나타내는 것 사이에 어떤 인과관계를 전제하고 있잖아. 네가 원하는 결과를 얻으려면, 발화와 같은 매개 없이, 관련된 경험의 시작을 좀더 직접적으로 입증하는 실험을 해야 해. 어떤 방법이 있을까?

포넨스 아마도 과학자들은 경험의 신경상관자를 찾아서 그걸 입증할 수 있을 거야. 상관관계는 인과관계가 아니지.

톨렌스 하지만 그런 신경상관자를 찾는 것도 비슷한 문제를 일으키지 않을까?

포넨스 그렇겠지. 어쨌든, 난 이런저런 실험이 부수현상론을 입증한다고 주장하는 게 아니야. 내 주장은 그런 실험들을 고려했을 때, 현상적 속성이 어떻게 물리세계에 영향을 미치는지에 대한 우리의 일반적 가정을 의심해봐야 한다는 거야. 그리고 우리가 그런 가정을 버린다면, 부수현상론이 그렇게 이상하게 들리지는 않을 거야.

톨렌스 알았어. 하지만 솔직히 말하자면, 네 생각은 이상해.

포넨스 인정하지. 그렇지만 기초 물리학의 관점에서 볼 때, 세계가 얼마나 이상한지 생각해봐. 물리학의 설명과 우리가 일상에서 인과를 생각하는 방식이 얼마나 다르니. 이런 이상함을 고려했을 때, 의식의 인과적 특징에 대한 상식적 사고는 정말 믿을 만한 걸까?

톨렌스 잠깐. 이 문제에서 과학은 분명히 내 편인 것 같은데.

포넨스 사실 그렇게 분명하지 않아……

톨렌스 잠깐!

포넨스 뭐야? 깜짝 놀랐잖아. 왜 그래?

톨렌스 환풍기에서 또 소리가 났어.

포넨스 아, 그냥 내버려둬. 내 말에 동의한다는 거야 뭐야?

톨렌스   아니, 동의 안 해. 넌 물리적 작용으로부터 현상적 속
         성을 인과적으로 고립시킬 때 발생하는 어려움을 과소
         평가하고 있어.

포넨스   어째서?

톨렌스   생각을 해봐. 믿음과 판단과 이것들을 발화하기, 이 모
         두를 물리적으로 완전히 설명할 수 있는데 감각질이 비
         물리적이라면, 감각질은 의식 경험에 대한 우리의 판
         단에조차 영향을 미치지 못해! 비물리적 속성에 대한
         네 열성적 믿음조차도 물리적으로 완전히 설명할 수 있
         어. 그런데 네 견해에 따르면, 이런 설명에서 의식 자체
         는 아무런 역할을 하지 않지! 이건 도저히 말이 안 돼.
         우리가 이런 토론을 벌이는 이유는 우리가 이런 현상적
         속성에 대해 안다고 가정하기 때문이야, 맞지? 그런데
         현상적 속성이 현상적 속성에 대한 우리의 믿음에조차
         영향을 미칠 수 없다면, 우리가 그것들을 어떻게 알 수
         있는 건데?

포넨스   내 말이 이상하게 들린다는 점은 인정해. 내 견해에 의
         하면, 내 말을 똑같이 하거나 적어도 내 말과 똑같은
         소리를 내는 좀비가 존재할 수 있는 것 같아. 차머스가
         자신의 책 『의식하는 마음The Conscious Mind』에서 이 점
         을 지적했어. 지난밤에 이 책을 읽었는데 아직 내 베개
         더미 안에 있어. 이 구절을 보자.

이 문제를 특별히 생생하게 보기 위해, 이웃 우주에 나의 쌍둥이 좀비가 산다고 생각해보자. 그는 늘 의식 경험에 대해 이야기한다. 사실상 그 문제에 빠져 있는 듯 보인다. 컴퓨터 앞에 웅크리고 앉아 의식이라는 신비에 대한 글을 쓰고 또 쓰느라 엄청나게 많은 시간을 보낸다. 종종 특정한 감각질에서 얻는 즐거움을 언급하며, 짙은 녹색과 자주색을 특히 좋아한다고 공언한다. 툭하면 좀비 유물론자와 논쟁을 벌이며, 그들이 의식 경험의 실재를 제대로 다루지 못한다고 주장한다.

그러나 그는 의식 경험을 전혀 갖지 않는다! 그의 우주에서는 유물론자가 옳고, 그가 틀리다. 의식 경험에 대한 그의 주장 대부분은 완전히 거짓이다. 하지만 그가 그런 주장을 하는 이유에 대한 물리적 혹은 기능적 설명이 분명히 존재한다. 결국 그의 우주는 완전히 법칙적이며 그 안에 기적은 없으므로, 그의 주장에 대한 어떤 설명이 틀림없이 존재한다. 그런데 이런 설명이 궁극적으로 물리적인 과정과 법칙에 의한 것이어야 하는 까닭은, 물리적인 과정과 법칙이 그의 우주에서 유일한 과정과 법칙이기 때문이다.

톨렌스 네 견해에서 따라 나오는 유독 나쁜 귀결 같은데.

포넨스 나쁘지만 치명적이진 않아. 네가 치명적이라고 생각한다면, 넌 추가적인 가정을 하는 거야. 내가 보기에 넌 어떤 속성에 대해 생각하거나 알려면, 그 속성과 인과적 접촉을 해야 한다고 가정하고 있어.

톨렌스 뭔가에 대해 생각하거나 알려면 다른 방도가 없잖아?

포넨스 글쎄, 수학적 지식이나 논리적 지식을 생각해봐. 난 7 더하기 5가 12라는 것을 아는데, 내가 수와 인과적으로 접촉하니? 아닐걸. 난 'p이면 q이다'와 'p이다'의 연언으로부터 'q이다'가 연역적으로 따라 나온다는 걸 알아. 그렇다고 내가 연역논리법칙과 인과적으로 접촉하니? 그럴 리가 없지. 인과론은 이런 판단에는 적용되지 않는 듯해. 그리고 자신의 의식 경험에 대한 판단에도 적용되지 않을 것 같아.

톨렌스 유비가 좀 수상쩍은데. 수학과 논리학의 추상성은 의식의 추상성과 달라. 어쨌든, 네 유비가 작동한다고 해도, 별 도움을 주진 못할걸.

포넨스 어째서?

톨렌스 의식의 본성에 대한 네 견해를 따르자면, 넌 의식에 대한 지식과 언급에 있어서 기묘한 입장에 서야 해. 내 책에 따르면, 그 입장은 너한테 불리하게 작용해.

포넨스 좋아, 내가 울며 겨자 먹기로 삼켜야 하는 주장을 내놓았군. 하지만 난 눈물을 흘리지 않고도 삼킬 수 있을 것 같은데.

톨렌스 조심하는 게 좋을걸. 입에 불이 날지도 몰라.

포넨스 그래. 하지만 우리한테는 여전히 반물리주의 논증이 남아 있어. 논증의 결론이 탐탁지 않은 귀결을 낳는다는 이유만으로 논증을 무시하면 안 돼. 논증에서 어떤 점이 잘못됐는지를 보여줘야 한다고.

톨렌스 인정해.

포넨스 그래도 난 물리주의에 여러 이점이 있다고 생각해. 그리고 내 견해가 그런 이점을 되도록 많이 유지하길 바라지. 특히, 난 일원론의 비물리주의 버전을 받아들일 수 있으면 좋겠어.

톨렌스 이원론과 대조되는 거야?

포넨스 그래. 이원론자는 근본적으로 다른 두 현상을 일관된 하나의 그림으로 통합하는 데 신경을 써야 해. 물리주의자를 비롯한 일원론자에게는 그런 문제가 없지. 일원론이 더 우아한 셈이야. 그리고 우아함은 중요하지.

톨렌스 티셔츠를 거꾸로 입은 사람의 입에서 나온 주장이라 설득력이 떨어지는군.

포넨스 거꾸로? 내가?

톨렌스 그럴걸. 아무튼, 일원론에 대한 네 주장에 전적으로 동의해. 내가 일주일 내내 밀고 있는 주장이니까. 누군가 생각을 바꿔서 내 견해에 동조하는 느낌이 드는데.

포넨스 아닐걸. 무엇보다, 물리주의 말고도 다른 형태의 일원론이 있어. 예를 들어, 우리 버클리 주교님이 말씀하셨

듯이 관념론은 세계가 전적으로 정신적인 것이라고 주장하지.

톨렌스   그 이론을 믿는 사람들은 정신이 나간 게 틀림없어.

포넨스   무시하지 마. 버클리는 자신의 견해를 논증으로 뒷받침했어.

톨렌스   분명히 흥미로운 논증이겠네. 정신 나간 짓이 보통 흥미롭거든.

포넨스   내가 미끼를 물었으면 좋겠지? 아무튼, 난 관념론이 참이라고 주장하는 게 아니야. 그렇게 생각 안 해. 내 말은 단지 관념론이 물리주의와 구별되는 일원론의 한 형태라는 거야.

톨렌스   좋아, 하지만 관념론과 물리주의를 거부하면서 어떻게 일원론자일 수 있지?

포넨스   음, 물리적인 것과 현상적인 것은 모두 더 기초적이고 단일한 속성 유형의 현시manifestation라는 견해가 있어. '중성적 일원론neutral monism'이라고 하지.

톨렌스   흥미롭군. 하지만 중성적 일원론이 이원론보다 나을 게 있어? 두 가지 상이한 현시가 어떻게 연결되는지에 대해 비슷한 문제가 발생하는 거 아니야?

포넨스   그래, 그게 문제야. 하지만 관련된 견해 가운데 반물리주의 논증과 일관되면서 일원론의 주요 이점을 유지하는 견해가 있어. 사실, 이 기술에 들어맞는 견해가 두

세 가지 있지. 하나는 현상적 속성이 어디에나 있음을 함축하기 때문에 종종 '범심론panpsychism'이라고 불리는데, 현상적 속성이 물리적 성향의 범주적 토대 역할을 해.

톨렌스   그게 대체 무슨 뜻이야? 범주적이 무슨…… 야!

포넨스   응?

톨렌스   들었어?

포넨스   아직도 망할 환풍기에 귀를 기울이고 있니?

톨렌스   그래, 그만두자. 난 쓰러지기 일보 직전이야. 자야겠어.

포넨스   하지만 내가 케이크를 간직하면서 먹을 수 있는 방법은 아직 말 안 했는데.

톨렌스   내일 왕창 먹어. 지금은 꿈나라로 가야겠어. 환청에다 환시까지 경험하기 전에 말이야.

포넨스   그럼 잘 자.

톨렌스   그래, 잘 자.

토요일

장면: 토요일 새벽. 포넨스와 톨렌스가 도서관 구석에서 자고 있다가 환풍기에서 우당탕 소리가 나자 잠에서 깨어난다.

톨렌스   이게 무슨……?

포넨스   뭐지? 엄마? 아빠? 거스 삼촌?

톨렌스   포넨스, 나야! 이번엔 너도 들었지?

포넨스   그래, 들었어. 무슨 소릴까?

환풍기에서 계속 쿵쾅 소리가 난다.

포넨스   아무래도 도망치는 게 좋겠어.

뭔가가 쿵쾅대며 뛰어다니는 소리가 계속 나다가 환풍기 덮개가 펑 하고 열리고, 뒤이어 짙은 회색 머리칼로 뒤덮인 머리가 튀어나온다.

톨렌스/포넨스   으아아아!

아니무스*   소리 지르지 마, 겁먹을 거 없어! 해치지 않을 테니.

톨렌스   이게 도대체……? 넌 누구냐? 환풍기 안에서 뭘 하는

* animus, 라틴어로 영혼 또는 생명력을 의미한다.

거지?

아니무스 사람들은 날 아니무스라고 부르지. 난 환풍기 트롤이야.

포넨스 트롤이라고?

아니무스 말이 그렇다는 거지. 하지만 환풍기에서 살아.

포넨스 환풍기에서?

아니무스 사실 환풍기는 아니고 도서관 환기 시설의 배관과 통로에서 살아. 너희가 전에 주고받은 논증에 관해 내가 생각해봤는데 말이야……

포넨스 우리 얘기를 듣고 있었어?

아니무스 어, 난 누구 못지않게 호기심이 많거든.

톨렌스 잠깐. 그보다 넌 뭘 먹고 살아? 어떻게 먹고살지?

아니무스 다 방법이 있어. 그 얘기는 하고 싶지 않아.

포넨스 쟤를 화나게 하지 말자.

아니무스 아무튼, 내가 들어보니까 만물이 살아 있다는 주장이 맘에 들더군.

톨렌스 우린 그런 주장을 한 적이 없는데.

포넨스 음, 내가 범심론을 언급했지.

아니무스 그렇지! 난 범심론자야.

포넨스 범심론은 심성이 만물에 깃들어 있다는, 그것도 실재의 기초적인 층위에 이르기까지 깃들어 있다는 견해야.

아니무스 바로 그거야!

톨렌스 모든 것이 관념으로 이루어진다는 견해를 말하는 거야? 주교님이 '흥미로운' 논증으로 옹호했다는?

포넨스   버클리. 넌 그분의 논증이 뭔지도 모르잖아. 그러니까 거기에 대해선 입도 뻥긋하지 마. 어쨌든, 내가 염두에 두는 범심론은 관념론의 한 버전이 아니야. 범심론에 따르면, 현상적 속성은 물리적 속성이 아니고, 물리적 속성은 현상적 속성이 아니야. 게다가 모든 것이 두 종류의 속성을 다 갖지.

톨렌스   물리적 속성과 현상적 속성이 있는데, 두 유형의 속성 가운데 어느 것도 다른 한 속성으로 환원되지 않는다는 말이니?

포넨스   맞아.

톨렌스   그럼 일원론이 아니라 이원론이네.

포넨스   음, 이건 중성적 일원론의 한 버전이라고 할 수 있어. 물리적인 것과 현상적인 것을 더 기초적이고 단일한 속성의 현시로 해석한다면 말이야. 네가 원한다면 범심론을 이원론으로 불러도 되지만, 그럼에도 범심론에는 일원론의 주요 이점 가운데 하나가 있어. 요컨대, 물리주의나 관념론과 같은 일원주의 이론에 의하면, 모든 것이 같은 종류의 기초적 구성 요소로 이루어져. 이게 일원론의 우아한 측면이지. 범심론도 이와 마찬가지로 우아해. 범심론을 일원론의 한 형식으로 해석하거든 아니든 말이야.

톨렌스 　잠깐만. 책에서 봤는데 어떤 물리학자들은 우주의 상당 부분이 '암흑물질'로 이루어진다고 하더군. 암흑물질은 '액시온'이라는 새로운 가설적 입자로 구성된다고 하고. 참고로 여기서 '새롭다'는 건 우리에게 익숙하지 않다는 의미야. 다시 말해, 액시온은 우리가 익히 아는 대상을 구성하지 않아. 그러므로, 단순한 경험적 근거에 의해, 모든 것이 같은 물질로 이루어진다는 견해는 전부 거짓이 되는 셈이지.

포넨스 　그래, 나도 암흑물질에 대해 읽은 적이 있어. 하지만 내가 보기에 아무리 새롭다고 해도 액시온은 물리학이 상정하는 익히 알려진 다른 입자가 속하는, 동일한 일반적 범주에 속해. 내 주장은 암흑물질 가설에 영향을 받지 않아. 내가 일원론이 우아하다고 말한 까닭은 모든 것이 같은 종류의 기초적 구성 요소로 이루어짐을 함축하기 때문이야. 범심론에 따르면, 나와 피피와 저 책꽂이는 모두 같은 종류의 기초적 구성 요소로 이루어졌어.

아니무스 　맞아! 모든 것이 살아 있어! 너, 피피, 저 책들, 모든 것이! 이 환기 배관을 봐. 숨 쉬는 소리가 들리지 않니? 난 보일러가 오랜 친구처럼 느껴질 때도 있어.

톨렌스 　그래. 보일러는 마음이 참 따뜻하지.

아니무스 　그럼! 아주 따뜻해!

톨렌스   고대 역사 수업에서 읽은 내용이 생각나는데. '원자론 atomism'의 창시자 중 한 사람인 루크레티우스는 너희가 이야기하는 것과 같은 주장을 비웃었어. 수업에서 사용했던 책이 있는지 가볼게.

톨렌스가 책을 찾는 동안 아니무스는 벽을 쳐다본다. 포넨스는 아니무스의 근심스런 낯빛을 알아채지만 아무 말 않기로 한다. 3분 뒤 톨렌스가 돌아온다.

톨렌스   좋아, 찾았어. 여기에 내가 말한 부분이 있다.

또, 생명체가 일반적으로 소유하는 감각 능력을 이들의 원자에 지각력을 부여함으로써 설명하고자 한다면, 특별히 인류를 구성하는 원자는 어찌 되겠는가? 아마도 이들은 지각력이 있을 뿐만 아니라, 포복절도를 하고 뺨 위로 눈물을 뚝뚝 흘리기도 하며, 심지어 우주의 구성에 관해 오래도록 심오한 대화를 나누고, 나아가 자신들이 어떤 요소로 구성되었는지를 묻기에 이를 것이다.

포넨스   사실, 범심론은 이런 것을 조금도 함축할 필요가 없어. 환기 배관이 숨을 쉰다거나 보일러가 마음이 따뜻하다는 것도 전혀 함축하지 않고.

톨렌스   어째서?

포넨스   범심론은 보일러가 현상적 상태를 갖는다는 걸 함축하지만, 그게 우리에게 익숙한 상태여야 한다는 법은 없어.

톨렌스   그럼 어떤 종류의 현상적 상태를 갖는다는 거야?

포넨스   범심론자는 시스템이 단순할수록 현상적 상태도 단순
         해진다고 말할 거야. 하지만 추측일 뿐이지. 아무튼, 이
         런 식으로 비웃음을 사지는 않을 비슷한 견해가 있어.

톨렌스   말해봐.

포넨스   내가 염두에 두는 견해는 두 문제 사이의 연관성에서
         실마리를 얻은 거야. 하나는 우리가 다루었던 건데 비
         물리적인 감각질을 어떻게 자연에 통합할 것이냐 하는
         문제고, 다른 하나는 우리 논의와 동떨어진 영역 같지
         만, 물리학의 철학the philosophy of physics에 대한 문제야.

톨렌스   흥미롭군. 계속해봐.

포넨스   물리학의 특징은 기초적 속성을 성향적 용어로 표현한
         다는 점이야.

톨렌스   좀 쉽게 얘기해.

포넨스   질량, 전하 등을 생각해봐. 이런 속성들은 궁극적으로
         입자를 끌어당기고 밀어내는 등의 성향으로 규정돼.

톨렌스   알겠어.

포넨스   그러고 나면, 이런 성향이 무엇에 **토대**를 두느냐는 질
         문이 생기지. 여기에 답하려면, 비성향적 또는 범주적
         categorical 속성이 필요해.

톨렌스   모르겠어.

포넨스　좋아, 도서관 창문을 예로 들게. 창문은 깨지기 쉬워, 맞지?

아니무스　글쎄, 창문은 꽤 오래가는데.

포넨스　그래도 창문은 어느 정도 깨지기 쉬워. 거칠게 말하자면, 창문은 정상적인 조건에 있을 때 충분한 힘을 가하면 깨지는 성향이 있다는 뜻이야.

톨렌스　좋아.

포넨스　그리고 창문의 깨지기 쉬움을 설명하려면, 유리에 대한 뭔가가 있어야 하지.

톨렌스　물론이지. 유리의 물리적 구성에 대한 뭔가가 있어야 해. 유리의 원자 구조와 같은 거 말이야.

포넨스　맞아. 재밌는 건 물리학이 유리를 잘 깨지게 만드는 특징 또한 성향으로 기술한다는 점이야. 궁극적으로 원자구조도 더 기초적인 성향으로 설명하지. 그리고 이러한 더 기초적인 성향의 토대가 되는 특징도 같은 방식으로 설명해. 물리적 성향의 궁극적 토대를 이루는 범주적 속성에 대해 물리학은 침묵을 지킨다는 말이야.

톨렌스　흠.

포넨스　철학자 사이먼 블랙번이 이에 대해 좋은 글을 남겼어. 그 논문이 내 가방에 있을 텐데……

톨렌스　아니무스, 실례지만 너 침을 흘리고 있어.

아니무스　아, 미안. 하지만 손은 환풍기 안에 있고 머리만 바깥에 있는데 어쩌라고?

톨렌스   듣고 보니 그렇군.

포넨스   여기를 보자.

우리는 범주적 토대에 대해 생각할 때 대상의 공간적 배열, 즉 경도와 질량과 형태가 있는 대상이 동류의 다른 대상의 침투와 변위에 저항하는 것을 생각하곤 한다. 하지만 지금 나열한 항목들은 범주로서의 자격이 거의 없다. 저항은 전형적으로 성향적인 속성이다. 연장extension은, 라이프니츠의 말마따나, 다른 속성의 예화例化가 경계를 규정할 때만 쓸모가 있다. 경도는 저항에 의해 측정되고, 질량은 동역학 작용에 의해서만 알려진다. 크기에 대해 말하자면, 우리는 전하와 같은 것이 한 점에 있거나 한 영역에 걸쳐서 달라지는 것을 발견하지만, 한 영역에 있는 장의 크기는 이것이 그 영역과 공간적 관계를 맺는 다른 것들에 미치는 결과에 의해서만 알려진다. 전하가 있는 영역은 전하가 없는 영역과 매우 다르다. 너무나 달라서 아마도 우리가 지금껏 자연에 대해 알 수 있었던 모든 것을 그로써 설명할 수 있을지도 모른다. 정확히 말하자면, 성향이나 힘의 측면에서 다르다. 하지만 과학은 근본적 단계를 탐구하는 과정에서 언제나 성향적 속성만을 찾는다.

포넨스 요컨대, 기초적 속성을 순전히 성향적 속성으로 나타
내는 것이 물리과학의 특징이라는 말이야.

톨렌스 무슨 뜻인지는 알겠어. 그런데 정확히 뭐가 문제라는
거야?

포넨스 문제는 이로부터 나오는 그림이 뜻밖에도 공허하다는
거지. 물리학이 모든 것을 완전히 기술한다면, 우리는
순수한 성향의 세계를 얻게 되지만, 이 속성의 토대가
되는 근본적인 범주의 속성은 얻지 못해. 세계는 오로
지 구조와 역학만으로 구성되고 다른 건 아무것도 없
게 되는 거야.

톨렌스 구조와 역학? 전문용어 좀 그만 써.

포넨스 미안, 하지만 유용한 개념이야. 이렇게 생각해봐. 어떤
것의 인과적 역할을 완전히 기술하려면, 그것이 시스템
에 어떻게 들어맞는지만 기술하면 그만이야. 시스템에
들어맞는 것에는 두 가지 측면이 있는데, 그게 바로 구
조와 역학이야. 구조는 거칠게 말해서 사물이 시스템
안의 다른 구성 요소와 어떻게 관계를 맺느냐고, 이 관
계가 시간에 따라 어떻게 변하느냐가 역학이지.

톨렌스 상당히 추상적인데.

포넨스 그럼 질량을 예로 들어볼게. 물리학은 질량을 무게에
의해 결정되는 물질의 양으로 기술해. 하지만 이것은
결국 성향으로 설명되지. 우리가 물리적 우주라고 부

르는 시스템 안에서 어떤 조건에 있을 때 어떤 힘이 가해지면 어떤 방식으로 가속된다는 성향으로 설명할 수 있다는 말이야. 물리학에 의하면 그게 질량이야.

톨렌스 알았어, 이해가 좀 되네.

포넨스 좋아. 이 점이 보편적으로 적용되는 듯해. 물리학은 물리학의 모든 기초적 속성을 구조와 역학으로 기술하는 것 같다는 말이지.

톨렌스 알았어. 그래서?

포넨스 그래서 세계에 대한 완전한 물리적 기술이 아무것도 빠뜨리지 않는다면, 세계는 단지 구조일 뿐이라는 거지. 혹은 단지 구조와 그 구조 안에서의 변화일 뿐이든가.

톨렌스 그건 알겠는데 도대체 뭐가 문제라는 거지?

포넨스 문제는 직관적으로 구조 외에 뭔가가 더 있어야 하는 것으로 보인다는 점이지. 구조를 갖는 뭔가가 있어야 해! 이 그림에 의하면, 물리학의 기초 속성의 본질은 다른 속성과의 구조적 관계에 있고, 이러한 다른 속성의 본질은 결국 다른 속성과의 관계에 있어. 그리고 이런 과정이 끝없이 이어져! 화학과 신경과학도 이와 마찬가지야. 블랙번의 말마따나, 과학은 모든 단계에서 성향만을 찾아. 우리가 얻는 것은 순수한 관계와 순수한 성향뿐이야. 하지만 이 모든 관계 안에 있는 건 뭘까? 구조를 갖는 건? 성향의 토대는? 바로 범주적이며 비구조적인 특징, 즉 구조를 내용으로 채우는 특징이 있어야 해.

톨렌스 그래, 직관적으로 들리네. 하지만 직관이 잘못된 것 같은데. 아무튼, 어떤 점이 의식과 연관되는 거야?

포넨스 블랙번의 노선을 따랐을 때, 한 가지 인정해야 할 건 물리적 속성이 궁극적으로 성향적이라는 점이야. 하지만 이 생각을 현상적 속성에 적용하는 건 받아들일 수 없지. 현상적 속성은 단순히 성향적인 것이 아니라서, 그저 구조와 역학의 측면만 보고 다룰 수는 없어. 다시 말해, 어떤 식으로 느껴지는 속성을 하나가 다른 하나와 어떻게 관계를 맺는지, 또는 한 상태가 다른 상태를 어떻게 일으키는지로 정리할 수는 없단 말이야. 어떤 상태에 있는 느낌이란 게 있으니까.

톨렌스 좋아, 내가 그걸 받아들인다고 치자. 이게 범심론으로 이어질 텐데…… 대체 어떻게?

포넨스 두 가지 문제가 있다고 좀 전에 말했잖아. 물리학의 철학에는 **공허함 문제**the problem of emptiness가 있어. 우리에게는 기초적인 물리적 성향의 토대가 되는 범주적 속성, 즉 기초적인 물리적 관계 안에서 관계항relata이 되는 속성이 필요해. 그리고 의식의 철학에는 **통합 문제** the problem of integration가 있어. 자연 질서 안에서 현상적 속성의 자리는 어디쯤일까? 현상적 속성이 없다면 물리적·성향적인 용어로 완전히 설명할 수 있는 세계 안으로 어떻게 현상적 속성이 통합될 수 있을까? 내 논점이 뭔지 알겠어?

톨렌스 물론이지. 물리적 속성이 있는데, 물리학은 이것을 성향적 용어로 기술한다. 현상적 속성이 있는데, 이것은 본질적으로 범주적 속성이다.

포넨스 그리고 성향은 범주적 토대가 필요하고……

톨렌스 그리고 물리학은 물리학이라는 초콜릿을 의식이라는 땅콩버터 안으로 넣는다!

포넨스 맞아! 현상적 속성은 물리적 성향의 범주적 토대야. 이러면 두 문제가 한꺼번에 풀리지. 물리적 속성은 원하던 범주적 토대를 얻게 되고, 현상적 속성은 자연 안으로 완전히 통합되니까. 완전 깔끔하지?

톨렌스 아주 정신이 나갔구만. 어떻게 현상적 속성이 창문의 깨지기 쉬움의 토대일 수가 있어? 게다가 이 견해에 따르면, 의식은 어디에나 있을 거야. 심지어 생명이 없어 보이는 방대한 우주 공간에도 말이야.

아니무스 그거야! 바로 그거야! 보라고! 내가 만물이 살아 있다고 했지!

톨렌스 또 침을 흘리네.

아니무스 미안. 가끔 흥분할 때가 있어.

톨렌스 설마 보일러가 외로움을 탄다고 생각하는 거니? 그럼

가서 확인해봐.

아니무스　오, 네 말이 맞아. 난 가볼게.

포넨스　그게 좋겠다.

아니무스　그래. 혹시 조가 오면 날 못 봤다고 해줘.

아니무스가 환풍기 통로로 쏙 들어간다. 잠시 우당탕 소리가 난 뒤 그가 사라진다.

포넨스　조가 누구지?

톨렌스　신경 쓸 거 없어. 누가 알아, 접이식 의자일지. 아니무스 저 녀석은 제정신이 아니야. 아무튼, 넌 현상적 속성이 물리적 속성의 토대가 된다는 주장을 믿는 거야?

포넨스　아니.

톨렌스　다행이다. 환풍기 트롤은 하나로 족해.

포넨스　돌, 의자, 원자에 의식이 있을 가능성은 거의 없지.

톨렌스　브로콜리는? 브로콜리에 의식이 있다면 채식주의자가 낙담하겠는걸.

포넨스　가학적인 비채식주의자는 오히려 좋아할걸.

톨렌스　넌 정말로 저 회색 환풍기 트롤의 견해를 심각하게 받아들이는 거야? 만물이 살아 있다고 생각해?

포넨스　생명은 또 다른 문제야. 현상적 속성을 갖는다고 해서 살아 있다고 할 수는 없지. 살아 있음은 거칠게 말해서 어떤 기능, 이를테면 대사를 통한 생식과 성장 같은 기능을 할 수 있느냐의 문제야. 돌이 아기 돌을 낳으리라고 생각할 근거는 전혀 없지.

톨렌스 다 부숴버리겠다!

포넨스 아니무스조차도 돌이 망치와 섹스를 한다고 생각하진 않을 거야.

톨렌스 그래, 하지만 돌이 의식을 갖는다고 가정하는 것도 마찬가지로 정신 나간 소리 아닐까?

포넨스 절대 그렇지 않아! 난 모든 물리적 시스템이 현상적 특징을 가질 가능성을 완전히 배제할 수는 없다고 생각해. 대부분의 경우에 현상적 특징이 아주 원시적이라고 할지라도.

톨렌스 조심해, 너도 곧 침을 질질 흘릴 것 같아.

포넨스 내 말은 범심론을 완전히 배제할 수는 없다는 거야.

톨렌스 그래, 알았어. 하지만 우리는 네가 가능성이 희박하다고 생각하는 견해가 아니라, 네가 믿는 견해에 대해 이야기하는 중이었어.

포넨스 사실 우리는 자고 있었지. 지금 새벽 네 시야.

톨렌스 난 지난밤을 얘기한 거야. 아무튼, 이제 네가 가진 패를 내놓을 거지?

포넨스 난 범심론과 비슷한 견해에 공감해. 아직 미성숙한 견해이긴 하지만.

톨렌스 그럴듯한 견해라면 범심론과 비슷할 수가 없는데.

포넨스 범심론이 그럴듯하지 않은 까닭은 돌과 원자와 쿼크가 모두 경험을 한다는 것을 함축하기 때문이야, 그렇지?

톨렌스   그래, 그게 주요 문제지.

포넨스   하지만 범심론에서 현상적 속성이 담당하는 역할을 하는, 비현상적 속성이 있을 수도 있어. 이것이 원현상적 protophenomenal 속성인데, 특정한 방식으로 결합해서 현상적 속성을 구성하는 비현상적 속성이라고 보면 돼. 원현상적 속성은 전체적 혹은 부분적으로 구조나 역학을 결여한다는 점에서 현상적 속성과 닮았지. 원현상적 속성은 물리적·성향적 속성의 토대이면서, 동시에 우리가 알고 있는 의식의 구성 요소일 수 있어. 이건 범심론이 아니라 범원심론panprotopsychism이야.

톨렌스   범원심론이나 침흘리개 님의 견해나 거기서 거긴데.

포넨스   어째서? 우아하잖아! 범원심론은 공허함 문제와 통합 문제를 한 번에 해결해. 게다가 지난밤에 언급한 일원론과 관련된 이점도 있다고. 한 가지 수단으로 모든 것을 설명하잖아. 그리고 완전히 발달한 범심론과는 거리를 두지. 물리적 성향은 토대를 갖추고, 의식은 자연의 일부가 되며, 돌은 의식을 갖지 않아. 설명력이 엄청나잖아!

톨렌스   물론 설명력이 엄청나지. 그 설명의 토대가 우리가 전혀 모르고 아마도 전혀 알 수 없는 뭔가라는 점을 무시한다면 말이야. 그리고 그게 도대체 어떻게 작동한다는 거야? 어떻게 원현상적 속성이라는 것이 질량과 같은 물리적이며 성향적인 속성의 토대가 되지? 그리고 어떻게 원현상적 속성이 결합해서, 우리에게 익숙한 것은 말할 것도 없고, 어떤 현상적 속성이든 낳는다는 거지?

포넨스 　모르지. 그게 심각한 문제야. 하지만 풀 수 있을지도 몰라. 우리는 원현상적 속성의 존재를 받아들일지 고민하는 단계에 도달했을 뿐이야. 범원심론 이론이 발달하면서 더 많은 것을 알게 될 테지. 아마도 물리적인 것과 현상적인 것의 관계에 대한 법칙과 관련이 있을 거야. 그 법칙을 알아내면, 원현상적인 것에 대해 아주 많이 알게 되겠지.

톨렌스 　터무니없이 사변적인데.

포넨스 　그럴지도 모르지만, 우리를 여기까지 이끈 논증에 의하면, 우리는 의식이 물리적 현상과 어떻게 관계를 맺는지에 대해 가장 기초적인 수준에서조차 거의 아는 바가 없어. 그러니까 사변적 이론이 미친 소리처럼 들릴지라도 어떤 가능성이 엿보인다면 무시하지 말아야 해.

톨렌스 　맞는 말이야. 하지만 범원심론처럼 엉뚱한 이론을 심각하게 받아들이려면, 아는 게 더 있어야겠어. 범원심론이 반물리주의 논증에 대해 함축하는 바가 뭐야? 어느 단계를 거부하는 거지?

포넨스 　논증이 적절히 정식화되면, 범원심론은 어떤 단계도 거부할 필요가 없어.

톨렌스 하지만 넌 범원심론이 반드시 이원론의 한 형태일 필요는 없다고 했잖아? 그리고 우리가 이야기하던 논증들은 이원론을 옹호하는 거 아니었어?

포넨스 그렇게도 사용되지만, 그보다는 전통적 물리주의에 반대하는 논증으로 보는 편이 더 나아. 범원심론은 이원론 못지않게 **전통적 물리주의**에 의문을 제기하거든. 원현상적 속성을 물리적 속성으로 볼 수 있다는 점은 인정해. 원현상적 속성은 물리학을 특징짓는 유형의 속성과 밀접한 관련이 있으니까 말이야. 이걸 인정하면, 범원심론자는 메리가 방을 나가기 전에 모든 것을 알지는 못했다고 말해야 해. 메리는 흑백 과학 강의를 통해서 물리적 속성의 일부만을 배워. 범주적 속성이 아닌 성향적 속성만을 배운다는 말이지. 메리는 구조와 역학에 대한 모든 것을 배우지만, '물리적'이란 용어를 넓은 의미로 받아들인다면, 이것이 물리적인 모든 것을 포괄하지는 않아.

톨렌스 맞아.

포넨스 하지만 원현상적 속성을 물리적인 것으로 간주할 때만 그래. 그 대신에 우리는 물리적인 것을 구조적이고 역학적인 것으로 제한할 수도 있어. 그럴 경우, 메리는 흑백 과학 강의를 통해서 물리적 진리를 빠짐없이 모두 배우게 될 거야. 그리고 물리적인 것을 이처럼 좁은 의미로 이해한다면, 범원심론자는 지식 논증을 받아들일 가능성이 큰데, 그 까닭은 범원심론에 따르면 구조적이고 역학적인 진리만으로는 현상적 진리를 함축할 수 없기 때문이야.

톨렌스 알겠어. 그러니까, 범원심론자는 석방 전의 메리가 물리적 진리를 모두 알지는 못했다 또는 모두 알았다, 둘 중 하나로 말할 수 있는 거네. 물리적 진리가 원현상적 속성을 포함하는 진리를 아우른다면, 메리는 방을 나가기 전까지 그런 물리적 진리를 알지 못해. 그 대신에 물리적 진리가 오직 구조적이고 역학적인 진리만을 포함한다면, 메리는 방 안에서 물리적 진리를 전부 알지. 어느 쪽이든, 메리는 방을 나갈 때 추가적인 진리를 알게 돼. 요컨대, 이 견해에 따르면 세계에는 전통적인 개념의 물리적 진리보다 더한 것이 있게 돼. 맞지?

포넨스 정확해.

톨렌스 그렇다면 네 친구 좀비는 어때? 아직도 좀비가 형이상학적으로 가능한 거야?

포넨스 지식 논증에서와 마찬가지로, 여기서도 범원심론자의 주장은 원현상적 속성을 물리적인 것으로 보느냐 아니냐에 달려 있어. 물리적인 것이 구조적인 것과 역학적인 것만을 포함한다면, 원현상적 속성은 물리적이지 않지. 그리고 이 경우, 범원심론자는 아마도 좀비가 형이상학적으로 가능하다고 주장할 거야.

톨렌스 그럼 물리적인 것이 원현상적인 것을 포함하면?

포넨스 그러면 좀비는 형이상학적으로 불가능하지. 원현상적 속성을 비롯한 모든 물리적 속성을 복제한 세계는 자동으로 의식이 있는 세계가 돼. 좀비세계는 어떤 물리적 속성, 말하자면 범주적이며 원현상적인 속성을 우리가 무시할 때만 가능할 거야.

톨렌스 그래서 범원심론이 물리주의의 한 형식이라는 거야 뭐야?

포넨스 뭔가 다른 거지. 물리주의와 어떤 점에서는 닮았고, 어떤 점에서는 달라. 이 버전에서조차, 의식이 없으면서 우리 세계와 구조적으로 동일한 세계가 형이상학적으로 가능해. 그리고 이 결과는 전통적인 물리주의와 양립 가능하지 않아.

톨렌스 잠깐, 네가 아끼는 범주적 속성은 물리적이야, 아니야? 방금 네가 한 말을 보건대, 이게 너한테 핵심적인 질문 같은데.

포넨스 원현상적 속성을 '물리적'이라고 부르는 건 오해를 불러일으킬 수 있어. 하지만 그건 제쳐놓고, 난 실체 대부분이 우리가 범주적 속성을 물리적인 것으로 보느냐 여부에 의존하지 않을 거라고 생각해. 이건 주로 용어상의 문제야.

톨렌스   하지만 그 용어상의 문제가 물리주의의 참과 거짓을 결정하는 거 아니야?

포넨스   물리주의가 참인지 여부는 부분적으로 우리가 '물리적'으로 무엇을 의미하느냐에 달려 있지. 우리가 무엇을 선택하든, 지식 논증과 상상가능성 논증은 효력을 발휘해. 이 논증들은 의식이 구조와 역학 이상의 뭔가라는 것을 보여줘. 이게 핵심적 결론이고, 우리가 '물리적'으로 어떤 의미를 나타내든 이 결론은 달라지지 않아.

톨렌스   좋아, 하지만 내가 좀 전에 언급했던 범원심론의 문제로 돌아가보자. 범원심론자는 어떻게 원의식protocon-sciousness에서 의식을 끌어내지? 넌 이 견해에서 이 점이 해결되지 않은 문제라고 했잖아, 맞지?

포넨스   그래. 그걸 '결합 문제the combination problem'라고도 부르지. 이 문제를 풀려면, 이론적 작업을 엄청나게 더 해야 해.

톨렌스   과학 이론은 검증할 수 있잖아. 결합 문제를 해결하려고 만든 이론을 어떻게 검증할 수 있지?

포넨스   아마도 합리적인 가설이 제시되면 알게 될 거야.

톨렌스   아니야, 내 눈에는 빤한 문제를 넌 그냥 지나치고 있어. 넌 결합 문제를 단지 과제로, 달리 말해 범원심론자가 이론을 더 발달시켜야 하는 이유로 표현했잖아. 하지만 사실 이 문제는 범원심론에 기본적으로 문제가 있음을 보여줘. 즉 범원심론은 그저 신비를 다른 신비로 대체하는 것에 지나지 않아.

포넨스   근거가 뭐야?

톨렌스   이렇게 생각해봐. 석방 전의 메리가 어떻게 빨간색을 보는 느낌을 알아낼 수 있을지 알기 힘든 주된 이유는, 비현상적인 정보로부터 현상적인 정보를 연역할 방법을 알 수 없기 때문이야. 하지만 이 직관은 원현상적 정보에 적용될 때도 그만큼 강력해. 이 직관은 메리가 비현상적인 정보로부터 빨간색을 보는 느낌이 어떤 것인지를 연역할 수 없다는 것이지. 비현상적인 정보가 물리학이 통상적으로 기술하는 유형인지 아니면 너의 '나도 잘 몰라' 이론이 기술하는 유형인지는 중요하지 않아.

포넨스   넌 원현상적 정보를 단지 추가적인 구조적 정보로 가정하고 있는 것 같아. 자연스러운 가정이지. 원현상적 속성은 이론적 가정일 뿐이고, 이론적 가정은 보통 구조적 용어로 기술되니까. 그럼에도 원현상적 속성은 구조적이지 않아. 적어도 완전히 구조적이진 않지. 하지만 네 논점은 알겠어. 결합 문제를 풀지 않는다면, 범원심론은 굉장히 신비하게 보이겠지. 그런데 다시 말하지만, 이 문제를 결국 풀 수 없으리라고 생각할 근거는 없어.

톨렌스   그래, 넌 인과 문제에 대해서도 그렇게 말했지. 얘기가 나왔으니 말인데, 인과에 대해서는 이 견해가 어떻게 되지? 범원심론에서 어떻게 현상적 속성이 물리적 결과를 낳을 수 있는지 난 모르겠어. 하지만 현상적 속성을 단순히 배제하는 것도 아니라서 혼란스럽네.

포넨스 맞아. 범원심론에 따르면, 현상적 속성의 구성 요소는 물리적이며 성향적인 속성의 토대 역할을 해. 이 역할이 중요하지. 그런데 이 역할을 온전한 감각질이 아닌 원현상적 속성이 해. 그리고 심신 인과에서 우리가 상식적으로 의식이 담당하리라고 생각하는 이 역할을 현상적인 속성도 원현상적인 속성도 담당하지 않는다는 점을 반드시 인정해야 해.

톨렌스 범원심론에 따르면, 사실상 성향적이며 물리적인 속성이 모든 역할을 하는 것 같네. 이 성향들이 현상적이거나 원현상적인 씨앗을 품고 있다는 사실은 우리 뇌와 몸이 작동하는 방식과는 무관해 보여.

느닷없이, 서가 사이에서 갈색 작업복을 입은 한 남성이 대걸레를 흔들며 나타난다.

에피스타인* 잡았다!

톨렌스/포넨스 으아악!

톨렌스 대걸레 좀 조심해요! 누구시죠?

에피스타인 조 에피스타인. 도서관 직원이다.

* epistein, 그리스어 'episteme'는 지식을 의미한다.

포넌스   아, 그렇게 보이네요.

에피스타인 내가 잡으려던 녀석이 아니군. 너희는 누구지?

포넌스   학생이요.

톨렌스   대학원생이죠.

포넌스   여기에 갇혔어요.

에피스타인 아무렴, 그렇겠지. 도서관에 아예 가게를 차렸군. 책으로 베개를 만들지 않나. 그건 칫솔이니?

톨렌스   전 어디든 칫솔을 들고 다녀요. 혹시 모르잖아요. 그리고 우리는 사람들을 성가시게 하지 않는답니다.

포넌스   사실 우린 되게 학구적이거든요. 심오한 철학적 문제를 논의하고 있었어요.

에피스타인 철학? 심리학 비슷한 건가?

포넌스   그건 아니지만, 마침 마음에 대해 이야기하고 있었죠. 의식의 본성에 대해서요.

톨렌스   네, 의식이 물리적인지에 대해 이야기하고 있었어요.

에피스타인 도서관 구석에서 그걸 알아내겠다고?

포넌스   알아내고 있었는지도 몰라요.

에피스타인 절대 아닐걸. 아무리 똑똑해도 인간의 머리로는 이해할 수 없는 것이 있게 마련이야. 너희는 시간을 낭비하고 있는 거야. 환풍기 덮개는 왜 저렇지?

톨렌스   아무것도 아니에요. 원래 저랬어요.

에피스타인 저 위에서 무슨 소리가 나지 않았니? 냄새는?

포넨스　　아래층에서 냄새가 나더군요.

톨렌스　　전 아무것도 몰라요.

멀리서 금속이 삐걱거리는 소리가 난다.

에피스타인 녀석이다! 너희는 여기서 꼼짝 마. 곧 다시 올 테니.

조 에피스타인이 대걸레를 휘두르며 뛰어나간다.

포넨스　　나가야겠군.

톨렌스　　아나, 꼼짝 말라고?

포넨스　　조는 무조건 우리를 내쫓을 거야.

톨렌스　　그래. 그런데 있잖아, 조 할아버지의 견해가 여태 들은 것 중에 가장 무난한 것도 같아.

포넨스　　조에게 견해가 있다고?

톨렌스　　그래! 조가 자세히 설명하진 않았지만, 우리가 의식과 물리적인 것의 관계를 이해할 수 없다는 발상이 그렇게 정신 나간 소리는 아니야. 아마도 우리는 그 관계를 이해할 위치에 있지 못할 거야. 적어도 지금은.

포넨스　　그건 네 사정이지. 난 아니거든.

톨렌스　　거참. 사실 조가 염두에 둔 견해는 두 가지라고 생각해. 하나는 이런 문제를 생각함에 있어서, 우리가 미적분을 생각하는 원숭이와 다를 바 없다는 견해야. 인간의 뇌는 그런 일을 감당할 수 없다는 거지.

포넨스　　다른 하나는?

톨렌스　　이것도 비슷하긴 한데 조금은 덜 비관적이야. 우리는 화학과 물리학의 관계에 대해 생각하는 19세기 과학자와 좀더 비슷할 거야. 양자역학이 출현해서 분자 결합을 밝히기 전까지는 물리학으로 화학반응을 설명하는 일이 어떻게 가능한지 아무도 몰랐어. 하지만 현재는 많은 것을 알잖아. 의식 문제에서 우리는 그런 처지에 있는 거야. 물리학으로 어떻게 의식을 설명할지를 보여주는 이론이 아직 나타나지 않았을 뿐인 거지.

포넨스   화학을 물리학으로 환원하는 데 양자역학이 했던 역할을 해줄 이론을 말하는 거야?

톨렌스   그래.

포넨스   조가 그런 생각을 했을 것 같진 않은데.

톨렌스   왜? 조는 "여기에 갇혔다"는 거짓말을 꿰뚫어 봤잖아? 아무튼, 조의 생각이건 아니건, 난 이 견해가 매우 합리적이라고 생각해.

포넨스   내겐 꽁무니를 **빼는** 걸로 보이는데. 모든 철학적 난제에 대해 같은 이야기를 할 수 있을걸. 그건 그냥 문제를 회피하는 거야. 내 학생이 기말 과제에 그런 내용을 써 오면, 난 중요한 문제를 내주면서 과제를 다시 써 오라고 할 거야.

톨렌스   언제부터 학생을 가르쳤어?

포넨스   가정을 한 거지.

톨렌스   과연 내가 꽁무니를 **빼는** 걸까? 네가 여태 이야기한 건 어째서 의식과 물리세계의 관계를 객관적 과학으로 설명할 수 없는가야. 넌 그 때문에 비물리적 속성을 상정해야 한다고 생각하지. 난 이 결론이 틀린 것 같아. 아마도 문제의 근원은 무지야. 우리에게 알려지지 않은 유형의 물리적 진리, 즉 기존 방식으로는 설명할 수 없는 물리적 진리가 있는 것 같아.

포넨스   좋아, 흥미롭군. 하지만 그게 도움이 될까? 문제의 근원이 무지라고 치자. 난 어째서 이 가정이 물리주의를 뒷받침한다는 건지 모르겠는걸.

톨렌스   못할 이유도 없잖아.

포넨스   넌 그렇게 생각하고 싶겠지. 하지만 여기서 기본적인 논지는, 우리가 의식과 물리적인 것 또는 둘 다에 대해 충분히 알지 못해서 이들이 어떻게 상호작용하는지 확실히 판단할 수 없다는 거야. 이 논지는 물리주의가 참이냐 거짓이냐에 대해 중립적이야. "우리는 이것에 대해 알 수 없다. 어쨌든 이것은 물리적이다"라고 말하는 건 솔직하지 못하지.

톨렌스   맞는 말 같네. 하지만 예전에 그런 교착상태에서 물리주의가 승리했다는 사실만으로도 일단 물리주의를 지지할 수 있을 것 같아.

포넨스   화학과 양자역학을 말하는 거니?

톨렌스   그렇지.

포넨스   난 그 유비가 못마땅해. 의식이 물리적 설명에 저항하
        는 방식은 매우 독특하다고. 그러니까 과학사에서 비슷
        한 유비를 찾길 기대하지 마.

톨렌스   무슨 소린지 모르겠네. 그게 무지에 대한 조의 견해와
        무슨 상관이야?

포넨스   요점은 무지가 중립적이라는 거야. 우리가 퍼즐의 핵심
        적 조각을 빠뜨리고 있다는 가설은 물리주의 편도 반
        물리주의 편도 아니야. 이제 조는 잊어도 되겠지?

톨렌스   잠시 동안은. 다시 온다고 했잖아. 아무튼, 조의 생각
        을 다른 방식으로 이해할 수 있어.

포넨스   조는 몇 마디 하지도 않았는데, 세 번째 해석이 나오다
        니!

톨렌스   이야기가 짧을수록 할 말은 많아지는 법!

포넨스   좋아, 계속해봐.

톨렌스   조는 우리가 시간을 낭비하고 있다고 했어. 우리의 논
        의가 무의미하다고 생각했겠지.

포넨스   그랬겠지. 하지만 조는 환풍기와 싸우려 드는 사람이야.

톨렌스   아니야, 여기에 진정한 딜레마가 있어. 의식이 물리적이
        냐는 질문은 '물리적'이라는 용어에 확정된 의미가 있
        음을 전제하는 걸까?

포넨스   그럴걸, 물리적이라는 게 무슨 의미인지는 너도 알잖
        아. 물리적인 것은 물리학에서 말하는 것과 물리학이

함축하는 것이야.

톨렌스 네가 말하는 '물리학'이 뭘 뜻하지? 오늘날의 물리학?

포넨스 아니, 그걸로는 부족하지.

톨렌스 확실히 부족해. 현재의 미시물리학 법칙은 부분적으로 오류가 있을 테고, 상당히 부정확할 게 틀림없어. 거의 확실히 불완전할 거라고.

포넨스 맞아. 그래서 잭슨은 완성된 물리학을 언급했지.

톨렌스 그건 해법이 못 돼. 완성된 물리학이란 어떤 걸까? 우린 전혀 몰라. '물리학'이라는 용어로 미래의 불특정 이론을 가리킨다면, 의식이 물리적이라는 주장은 구제 불능으로 모호한 주장이 되고 말아. 의식이 물리적이지 않다는 주장도 마찬가지고.

포넨스 하지만 미래의 물리학은 현재의 물리학에서 더 나아간 물리학일 거야, 그렇지? 그렇다면, '물리학'이 미래의 물리학, 아니 그보다는 이상적인 물리학이 함축하는 바를 가리킨다고 하면 되지 않을까?

톨렌스 현재의 물리학이 어떤 면에서 이상적인 물리학과 닮았지? 다시 모호함 문제가 등장한다고.

포넨스 좀 모호하면 안 돼? 우리가 하고 있는 건 결국 추측이야.

톨렌스 먼저, 미래의 물리학이 탈선하지 말라는 법이 없어. 물리학자들이 초심리학에 빠질지 누가 알아. 현대의 물리학이 발견한 속성과는 완전히 다른 속성을 받아들일지

심야의 철학도서관

도 모르지.

포넨스   그래.

톨렌스   그리고 완전성을 얻으려는 마지막 시도로, 물리학자들이 현상적 속성을 근본적 속성에 속하는 것으로 여긴다면? 그러면 물리적 진리는 현상적 진리를 하찮은 방식으로 함축하게 될 테지. 하지만 그로 인해 물리주의가 입증됐다고 결론 내릴 수는 없어. 이건 어리석은 짓이잖아.

포넨스   그 말도 맞아. 그래서 이 모든 것의 결론이 뭔데?

톨렌스   딜레마로 봐야지.

포넨스   딜레마는 벌써 여러 차례 논의한 것 같은데.

톨렌스   이것도 목록에 넣어둬. 우리는 "물리학"이라는 용어로 현재의 물리학이나 미래의 이상적 물리학이 포괄하는 바를 가리킬 수 있어. 현재의 물리학을 받아들이겠다면, 물리주의는 그저 거짓으로 보일 거야. 좀비와 그 동류 때문이 아니라 단순한 경험적 증거 때문에 말이야. 이상적 물리학을 받아들이겠다면, 물리학은 구제 불능으로 모호하게 보이고, 심지어 하찮은 방식으로 참이 될 테지. 어느 쪽이건, 문제가 있어.

포넨스   그래, 문제네. 이 문제를 어떻게 해결할지 확신할 수 없음은 인정해. 하지만 그렇다고 해서 물리주의에 대한 논의가 무의미하다고 볼 수는 없어. 이 딜레마는 우리가 '물리적'이라는 용어를 어떻게 정의하느냐에 대한 문제이고, 이 문제는 우리 논의에서 핵심적이지 않아. 우리가 지금껏 논의한 문제의 핵심은 과학이, 아니면 현재의 과학이 다루는 종류의 속성이 현상적 속성을 형이상학적으로 함축하느냐는 거야.

톨렌스 그런 속성을 어떻게 정의하지?

포넨스 모르겠어. 하지만 전부 구조와 역학에 관한 것으로 보여. 화학과 양자역학의 사례로 돌아가 보자.

톨렌스 넌 그 유비를 받아들이지 않는다고 했잖아?

포넨스 대조하는 데는 도움이 돼. 양자역학이 나타나기 전까지 사람들은 분자 결합의 세부 사항을 알지 못했어. 그런데 학자들이 연구 끝에 찾아낸 설명은 익숙한 종류의 설명이었지. 바로 구조와 역학에 의한 설명 말이야. 끈이론이나 과학의 최전선에서 일어나는 다른 발전으로부터 우리가 기대하는 설명도 이와 마찬가지야. 입자가속기를 통해서 정확히 무엇을 알게 될지 우리는 몰라. 하지만 기대하는 결과의 종류는 알지. 그리고 그런 결과로는 물리적 과정에서 어떻게 의식이 생겨나는지를 설명할 수 없을 거야.

톨렌스 결국에 네가 내놓을 수 있는 건 원숭이 뇌 주장이로군.

포넨스 어떤 어려운 철학적 문제에 대해서든, 우리가 너무 모르는 게 많아서 그 문제를 풀 수 없다는 입장을 취할 수 있어. 심지어 우리의 인지적 한계 때문에 풀 수 없다는 입장을 취할 수도 있지. 난 인지적 한계에 대해 아주 잘 알아. 가령 난 비유클리드 기하학과 괴델의 불완전성 정리, 그리고 데이비드 린치의 몇몇 영화를 이해하는 데 어려움을 겪어. 하지만 여기에는 내 이해력 부족과 혼동이 한몫을 하지. 이와 대조적으로, 난 물리학의 설명 유형을 상당히 잘 이해해. 세부 사항은 잘 몰라도 말이야. 그리고 이런 설명으로는 물리적 진리가 어떻게 경험에 대한 진리를 함축하는지 밝힐 수 없음을 상당히 명료하게 알지.

톨렌스   네 생각만큼 명료하게 아는 건 아닐걸. 물리학이 밝혀내는 바는 우리를 놀라게 할 수 있어.

포넨스   물리학이 우리를 정말 놀라게 한다면, 구조와 역학 이외의 것들을 고려함으로써, 아마도 어떤 진보가 일어날 거야. 하지만 우리 논의의 핵심 문제가 근본적으로 바뀌진 않을걸.

멀리서 고함소리와 덜커덕거리는 소리가 난다.

톨렌스   조가 녀석을 찾았나 봐.

포넨스   다음 차례는 우리라는 뜻이지.

톨렌스   아, 웅장한 학문의 전당이여, 그동안 우리의 둥지가 되어 주었구나!

포넨스   하지만 우리가 각자의 길을 가기 전에 네 최종 입장을 알고 싶어.

톨렌스　이미 알고 있잖아. 난 비물리적 특징을 세계의 물리적 구조에 통합하기란 너무나 힘들기 때문에 물리주의를 선택할 수밖에 없다고 생각해. 그렇지만 물리주의에 반대하는 논증에도 일리가 있다는 점은 인정해. 특히, 인식론적 간극에 조건부로 동의해.

포넨스　그 조건이 뭔데?

톨렌스　난 우리와 메리에게 인식론적 간극이 있다는 걸 인정해. 메리가 이례적으로 똑똑한 인간에 지나지 않는다는 조건하에서 말이야.

포넨스　인식론적 단계는 그보다 더 강한 주장을 내놓는데.

톨렌스　그렇지. 순수한 추론으로 간극을 메울 수 없다고 하니까. 이상적인 추론가조차도 좀비세계 가설에서 비일관성을 찾을 수 없거나, 메리가 흑백 강의를 통해 배운 정보로부터 빨간색을 보는 느낌이 어떤 것이지를 연역할 수 없지.

포넨스　맞아. 넌 강한 주장은 거부하는 거니?

톨렌스　꼭 그런 건 아니야. 단지 의심스러울 뿐. 내가 우려하는 건 이상적 추론가 개념을 포함하는 강한 인식론적 간극이 설득력 있게 보이는 유일한 까닭이, 우리가 그것을 약한 인식론적 간극, 즉 너와 나 같은 생명체는 물리적인 것으로부터 현상적인 것을 연역할 수 없다는 점만을 주장하는 간극과 융합하기 때문이라는 거야. 또, 난 이상적 추론가 개념이 작동하는지도 의심스러워. 하지만 기꺼이 이런 우려를 제쳐놓고, 강한 인식론적 간극이 존재한다고 가정하자. 그래도 난 여전히 이 간극에서 물리적인 것이 현상적인 것을 형이상학적으로 함축하지 않는다는 주장으로 향하는 추론을 강하게 거부해.

포넨스　현상적 개념 대 현상적 속성에 관한 문제 때문에? 그게 물리주의와 인식론적 간극을 조화시키기 위한 네 전략이니?

톨렌스　그렇지. 내 주장은 메리가 방을 나갈 때 정말로 정보를 얻고, 좀비 가설은 이상적인 숙고를 한 뒤에도 정합적이라는 거야. 하지만 이 모든 것을 본성적으로 독특한 현상적 개념, 그리고 현상적 개념이 물리적 개념과 어떻게 다른지로 설명할 수 있어. 이렇게 설명하는 데는 비물리적인 속성을 상정할 필요가 없어.

포넨스　좋아, 하지만 그 전략도 나름의 문제가 있었어.

톨렌스　주요 반론은 물리적임이 객관적으로 알 수 있음을 함축한다는 가정에 의존했지.

포넨스　맞아.

톨렌스　이 가정은 의심해볼 여지가 있어. 물성과 객관성은 확실히 연관돼 보여. 하지만 이건 그저 역사의 우연한 사실 때문일 거야. 데카르트와 계몽주의 시대 사람들이 객관적이며 물리적인 현상과 이런 현상이 우리 마음에 불러일으킨 결과가 구분된다는 점을 강조한 이래로 이 연관성은 유용하게 쓰이지. 그렇지만, 객관성은 인식론적 개념인 반면에, 물성은 형이상학적 개념으로 봐야 해. 아마도 어떤 물리적 속성은 환원이 불가능할 만큼 주관적일 거야. 이게 인식론적 간극의 진정한 결과지.

포넨스　그래서 무엇이 주관적 속성을 물리적으로 만들어준다는 거지?

톨렌스　네가 물리학의 영역이라고 한 구조적·역학적 진리를 모두 고정했을 때, 현상적 속성이 저절로 생긴다는 발상이야. 사물은 복잡성이 어떤 수준에 도달해서 어떤 유형의 조직체를 이루게 되면, 그것이 된다는 어떤 느낌이 생기는데, 이것은 그저 형이상학적으로 필연적인 거야.

포넨스　하지만 우리가 지금껏 논의한 메리와 좀비 사례는 물리적 진리로부터 현상적 진리를 연역할 수 없음을 보여줘. 그리고 물리적 진리가 현상적 진리를 형이상학적으로 함축하지 않음도 나타내지.

톨렌스　어떻게 그런 결론이 나와? 왜 연역적 함축의 결여가 형이상학적 함축의 결여를 나타낸다고 가정해? 연역적 함축이 담아내지 못하는 형이상학적으로 필연적인 연결이 존재할 수도 있잖아? 만약 그런 연결이 존재할 수 있다면, 아마도 물리-현상적 연결이 그 예가 될 거야.

포넨스 좋아, 하지만 무엇이 그런 연결을 필연적으로 만들어주지? 네가 받아들이는 물리-현상적 필연성이 우주에 대한 근본적 진리라고 주장하려는 건 아니겠지?

톨렌스 그건 아니야.

포넨스 그렇다면 그런 필연적 진리를 어떻게 설명할래? 연역과 형이상학적 필연성 사이의 연결이 내가 말한 것만큼 단순하고 간단하지는 않을 거야. 이 점에선 네가 옳아. 요즘에는 많은 철학자가 단순히 관련된 개념을 생각하는 것만으로는 알 수 없는, 형이상학적으로 필연적인 진리를 인정해. 대표적인 예가 물의 화학적 구성과 관련되지. 우리는 물이 H_2O라는 사실을 연역이 아닌 경험에 의해 발견했어. 순전히 개념적으로만 생각해서는 이 진리를 발견할 수 없지. 그럼에도, 형이상학적으로 필연적인 진리로서 널리 인정받고 있어. H_2O가 없는 세계는 전부 물이 없는 세계라는 말이야.

톨렌스 맞아. 그리고 난 물리주의자가 목을 매는 형이상학적으로 필연적인 진리 역시 경험적이라는 말을 하는 거야. 하지만 물과 H_2O 유비에 지나치게 의존하고 싶진 않아.

포넨스 그러면 안 되지.

톨렌스 그래, '물'이라는 단어는 특정한 기능적 역할을 하는 건 뭐든 가리켜. 가령, 호수와 바다를 채우고, 수도꼭지에서 흘러나오는 등의 역할의 하는 것을 말이야. 경험적 탐구 없이 H_2O가 그런 역할을 한다는 걸 연역할 수는 없어. 하지만 H_2O가 그런 역할을 함을 가정한다면, 결국엔 완전한 물리적 진리로부터 물이 H_2O라는 것을 연역할 수 있어야 해. 그러니까, 물리세계에 대한 지식이 충분하면, 그것으로부터 물이 H_2O라는 필연적 진리를 연역할 수 있는 거지.

포넨스 유비가 깨지는 지점이 있는데.

톨렌스 맞아. 그게 바로 내가 의도한 바야.

포넨스 좋아, 그러면 우리 생각이 일치한 거야. 이 점을 장황하게 늘어놓을 생각은 없지만, 물/H_2O 사례가 보여주는 점과 보여주지 않는 점을 인식하는 건 중요해. 물이 필연적으로 H_2O라는 사실이 H_2O와 다른 뭔가, 즉 투명하고 마실 수 있는 뭔가가 물과 연관되는 역할을 할 수 없음을 의미하진 않아. 다른 말로 하면, 우리 세계가 XYZ 대신에 H_2O가 그런 역할을 하는 세계임을 발견했다는 사실에도 불구하고, 우리는 가능할 수도 있던 것에 대한 우리 마음을 사실상 바꾸지 않았어. 가능세계는 물이 H_2O라는 필연적 진리를 발견하기 전과 다르지 않아. 이 필연적 진리를 발견하고 나서, 우리는 이제

H_2O 대신에 XYZ가 있는 세계를 물이 존재하는 세계로 기술하는 것이 엄밀하게 옳지 않다는 걸 알 뿐이지.

톨렌스 맞아. 설득력 없는 물/H_2O 유비는 그걸로 충분해. 그 얘기를 꺼낸 건 내가 아니야.

포넨스 네가 받아들이는 필연적 연결이 일반적이지 않고 아마도 매우 독특하다는 점을 이해했으면 해. 예를 들어, 네 견해에 따르면, 좀비는 형이상학적으로 불가능해. 즉 물리적으로 우리와 꼭 같은 생명체는 현상적으로도 우리와 꼭 같아야만 하지. 좀비세계 시나리오가 이상적인 숙고를 거친 후에도 개념적으로 모순이 없더라도 말이야. 이런 필연적 진리는 설명을 절실히 필요로 해.

톨렌스 물/H_2O 사례와 같은 비함축성에 기초한 필연적 진리의 다른 모델이 여기에 적용되지 않는다고 해도, 어떤 설명을 발전시킬 수 있을 거야.

포넨스 행운을 빌어!

톨렌스 내가 할 수 없다고 해도, 우린 둘 다 전례 없는 자연의 단절을 받아들인 처지에 있고, 내 상황은 너보다는 나아. 조금 전에 넌 의식이 아주 독특한 현상이라는 이유로 화학과 양자역학 유비를 거부했어. 그런데 지금은 심물 필연성을 널리 받아들여지는 다른 경험적 필연성과 같은 맥락에서 설명할 수 없음을 받아들인다는 이유로 날 비판하는 거니? 이중잣대를 적용하는 거 아니야?

포넨스 네 말이 맞는 듯해. 하지만 난 여전히 네 견해를 잘 이해하지 못하겠어. 넌 심물 필연성을 다른 식으로 설명할 수 있다고 생각하니? 아니면 이런 필연성은 설명적 측면에서 맹목적brute이라고, 즉 이런 필연성이 존재하지만 더 근본적인 진리로 설명할 수는 없다고 생각하는 거야?

톨렌스 글쎄. 아마도 난 맹목적 필연성 노선으로 가야 할 듯해. 누구나 울며 겨자 먹기를 해야 할 때가 있는 법. 이번에는 내 차례 같아. 어쨌든 넌 견해를 정했어?

포넨스 완전히 정하진 못했지만, 조 아저씨의 '우리가 대체 뭘 알아?' 노선을 따르고 싶어. 철학자와 과학자는 의식과 자연 안에서의 의식의 위치라는 문제를 이제야 비교적 체계적인 방식으로 다루기 시작했어. 우리는 주변적 문제와 가장 어려운 문제를 구별하고, 관련 논증과 이론을 세밀하게 분석해서 전개하는 단계에 있지. 그러니까 성급하게 판단할 필요는 없다고 봐.

톨렌스 좋아. 그래도 가장 유망하다고 생각하는 견해는 있을 거 아니야?

포넨스 있지. 난 물리주의의 대안을 탐구해야 한다고 생각해.

톨렌스 고마워, 캡틴 확실성. 네가 반물리주의 논증을 받아들이기 때문에 물리주의를 거부한다는 건 알고 있어. 마지막으로 물어볼게. 네 적극적 견해는 뭐야?

포넨스 　내기를 해야 한다면, 난 환풍기 트롤의 견해를 다듬은 버전인 범원심론에 걸겠어. 결합 문제를 풀 수 있는지 알아보고 싶고, 그걸 풀지 못할 이유는 없다고 생각하거든. 의식에 대한 미래의 과학은 근본적 이론의 일부로 원심물proto-psychophysical 법칙, 즉 원현상적인 것과 물리적인 것을 연결하는 법칙을 포함할 거야. 물리주의를 포기하면, 의식 상태가 의식 상태에 대한 판단을 적어도 아주 직접적인 방식으로는 일으키지 않음을 받아들여야 한다는 건 알아. 하지만 난 범원심론의 이익이 비용보다 클 거라고 생각해.

서가 사이에서 조 에피스타인이 갑자기 나타난다. 대걸레는 부러졌고 머리칼은 헝클어졌으며 소매에 난 구멍 밖으로 팔꿈치가 튀어나와 있다.

톨렌스 　놓쳤군요.

에피스타인 그래, 그런 녀석은 처음 봤다.

포넨스 　저도요.

에피스타인 녀석을 봤어?

포넨스 　이런, 아주 살짝요.

에피스타인 녀석을 쫓아내진 못했지만 내가 너희는 잡았지. 좋은 말로 해도 알아듣겠지?

톨렌스 　그럼요. 나가겠습니다.

에피스타인 다시 볼 일 없으면 좋겠군. 도서관은 호텔이 아니야. 그 정도 분별력은 있길 바라네. 직업은 있고?

포넨스 없죠.

톨렌스 직업 얘기가 나와서 말인데, 조수 필요 없으세요?

에피스타인 꿈도 꾸지 마. 꺼져.

지치고 허기진 포넨스와 톨렌스가 도서관 밖으로 나오자 날이 밝아온다.

톨렌스 저기 좀 봐! 동이 틀 때까지 떠들었네!

포넨스 그런데 아무 성과가 없는 느낌이 드는 건 왜일까?

톨렌스 너한테는 무료 급식이 필요하기 때문이지.

포넨스 하루 묵은 베이글을 내버리는 곳을 알아.

톨렌스 어서 가자.

감사의 말

문체와 철학에 관해 유익한 제안을 해준 매리언 앨터, 러셀 도, 카일 드리거스, 조슈아 페리스, 존 하일, 홀리 케네디, 에이미 카인드, 앨프리드 밀리, 매슈 프라이스, 브래드 톰프슨에게 감사한다. 데이비드 차머스, 김재권, 더르크 페레봄, 어니스트 소사는 사려 깊은 조언을 해주었다. 편집자 로버트 밀러는 판단력이 탁월하고 열정적이었다. 서던메소디스트대와 앨라배마대 철학과에 감사드린다. 수많은 학생, 친구, 동료가 우리에게 영감을 주었다. 끝으로 우리를 늘 격려하고 지지하는 가족에게 감사한다. 특히 레이니 딜레이와 엘리자베스, 도라, 어빙 얼터에게 고마움을 전한다.

더 읽을거리

월요일 밤

·W. D. Hart, *The Engines of the Soul* (New York: Cambridge University Press, 1988). 현대적 관점에서 데카르트주의 심신 이원론을 명쾌하게 옹호한다. 첫 세 장은 데카르트의 상상가능성 논증의 한 버전을 옹호한다.

·Derek Parfit, *Reasons and Persons* (New York: Oxford University Press, 1984). 흄의 도망치는 자아에 대해 더 알고 싶다면, 이 책의 3부를 보라.

·Daniel Stoljar, "Physicalism", in the *Stanford Encyclopedia of Philosophy* (http://plato.stanford.edu/entries/physicalism/). 물리주의에 대한 유익한 논설이다.

·Jaegwon Kim, *Physicalism, or Something Near Enough* (Princeton, NJ: Princeton University Press, 2005) (한국어판은 『물리주의』, 하종호 옮김, 아카넷, 2007—옮긴이). 3장에서 비물리적 영혼의 인과 문제를 신중하고 명료하게 전개한다.

화요일 밤

·David J. Chalmers, "Facing Up to the Problem of Consciousness," *Journal of Consciousness Studies* 2(3), 1995: 200–219. 인지과학 이론으로는 의식의 어려운 문제를 풀지 못한다는 견해를 강력하게 주장한다. "Consciousness and Its Place in Nature," in P. Stich and T. Warfield (eds.), *The Blackwell Guide to the Philosophy of Mind* (Oxford: Blackwell, 2003). 앞의 논문을 상세히 개관한다. 차머스의 웹페이지(http://consc.net/chalmers/)에서 두 논문을 모두 볼 수 있다.

·David Cope, *Computer Models of Musical Creativity* (Cambridge, MA: MIT Press, 2005). 컴퓨터와 작곡에 대한 권위 있는 저술이다.

·Thomas Nagel, "What Is It Like to Be a Bat?," *Philosophical Review* 4, 1974: 435–450; Frank Jackson, "Epiphenomenal Qualia," *Philosophical Quarterly* 32, 1982: 127–136; and Lecture Ⅲ in Saul Kripke, *Naming and Necessity* (Cambridge, MA: Harvard University Press, 1980) (한국어판은 『이름과 필연』, 정대현·김영주 옮김, 필로소픽, 2014 ― 옮긴이). 반물리주의 논증을 제시하는 고전이다.

·Daniel Dennett, *Consciousness Explained* (Boston: Little, Brown, and Company, 1991) (한국어판은 『의식의 수수께끼를 풀다』, 유자화 옮김, 옥당, 2013 ― 옮긴이). 12장에서 데닛은 철저한 물리주의자의 관점에서 반물리주의 논증을 비판한다.

·Peter Ludlow, Yujin Nagasawa, and Daniel Stoljar (eds.), *There's Something about Mary* (Cambridge, MA: MIT Press, 2004). 지식 논증을 다양한 관점에서 다룬 논문을 모아놓았다.

·David Lewis, "What Experience Teaches," in J. Copley-Coltheart (ed.), *Proceeding of the Russellian Society* 13, 1988: 29-57 (Sydney: University of Sydney). 능력 가설 전략을 제시하는 고전적 논문이다.

·Earl Conee, "Phenomenal Knowledge," *Australasian Journal of Philosophy* 72, 1994: 136-150. 만남 가설 전략과 변형된 능력 가설 전략, 더불어 능력 가설에 대한 도전적인 반론을 제시한다.

·Michael Tye, *Consciousness, Color, and Content* (Cambridge, MA: MIT Press, 2000). 1장에서 능력 가설 전략에 대한 균형 잡힌 비판을 제시한다. 2장에서는 인식론적 간극이 착각이라는 도발적인 논증을 제시한다. 3-6장은 표상주의를 옹호하고 전개한다.

·Frank Jackson, "Postscript on Qualia," in *Mind, Method, and Conditionals* (London: Routledge, 1988), 76-79. 메리의 창조주는 최근 지식 논증을 버리고 물리주의를 받아들였다. Torin Alter, "Does Representationalism Undermine the Knowledge Argument?," in Torin Alter and Sven Walter (eds.), *Phenomenal Concepts and Phenomenal Knowledge: New Essays on Consciousness and Physicalism* (New York: Oxford University Press, 2007) 65-76.

잭슨이 길을 잘못 들었다는 논증을 제시한다.

목요일 밤

·Terence Horgan, "Jackson on Physical Information and Qualia," *Philosophical Quarterly* 34, 1984: 147–152. 슈퍼맨과 클라크 켄트가 메리와 대결한다.

·Christopher Hill, "Imaginability, Conceivability, Possibility and the Mind–Body Problem," *Philosophical Studies* 87, 1997: 61–85. 이론적 개념과 지각적 개념을 구분하며, 이 구분을 크립키의 반물리주의 논증에 적용한다.

·Brian Loar, "Phenomenal States," in James Tomberlin (ed.), *Philosophical Perspectives 4: Action Theory and Philosophy of Mind* (Atascadero, CA: Ridgeview, 1990), 81–108. 현상적 개념 전략에 대한 고전적 논문이다.

David Papineau, *Thinking about Consciousness* (New York: Oxford University Press, 2002). 4–6장에서 현상적 개념에 대한 다른 견해에 기초해 현상적 개념 전략을 좀더 알기 쉽게 제시한다.

·Daniel Stoljar, "Physicalism and Phenomenal Concepts," *Mind and Language* 20, 2005: 469–494. 현상적 개념 전략에 강력하게 도전한다. David J. Chalmers, "Phenomenal Concepts and the Explanatory Gap," in Alter and Walter, *Phenomenal Concepts and Phenomenal Knowledge*, 167–194. 또 다른 강력한 도전이다.

금요일 밤

·Howard Robinson, "Dualism," in the *Stanford Encyclopedia of Philosophy* (http://plato.stanford.edu/entries/dualism/). 속성 이원론과 실체 이원론의 형이상학에 대한 명료한 논설이다.

·Frank Jackson, "Epiphenomenal Qualia". 잭슨은 부수현상론을 옹호하기 위해서 메리를 창조했다. William S. Robinson, "Epiphenomenalism," in the *Stanford Encyclopedia of Philosophy* (http://plato.stanford.edu/entries/epiphenomenalism/). 부수현상론을 더 알고 싶으면 보라.

·Susan Blackmore, *Consciousness: An Introduction* (New York: Oxford University Press, 2004); and Benjamin Libet, *Mind Time* (Cambridge, MA: Harvard University Press, 2002). 의식에 대한 경험적 연구를 기술한다.

·David J. Chalmers, *The Conscious Mind: In Search of a Fundamental Theory* (New York: Oxford University Press, 1996). 차머스는 5장에서 현상적 판단의 역설을 직시한다.

·Thomas Nagel, *The View from Nowhere* (New York: Oxford University Press, 1986). 네이글은 3장에서 중성적 일원론을 거론한다.

토요일

·David J. Chalmers, "Consciousness and Its Place in Nature". 범심론과 범원심론, 그리고 이들이 물리주의와 어떻게 연관되는지에 대

해 명료하고 정확하게 서술한다. Bertrand Russell, *The Analysis of Matter* (London: Kegan Paul, 1927). 물리학에 기초해서 범원심론을 지지하는 논증의 시초다. Galen Strawson, "Realistic Monism," in Anthony Freeman (ed.), *Consciousness and Its Place in Nature: Does Physicalism Entail Panpsychism?* (Charlottesvile, VA: Imprint Academic, 2006), 3–31. 물리주의가 범심론을 함축하기 때문에 범심론을 받아들여야 한다는 도발적인 논증을 제기한다.

·Colin McGinn, "Can We Solve the Mind–Body Problem?," *Mind* 98, 1989: 349–366. 두뇌 작용이 어떻게 경험을 산출하는지 이해하는 일은 우리의 신체 구조상 불가능하다고 주장하는 고전적 논문이다. Daniel Stoljar, *Ignorance and Imagination: The Epistemic Origin of the Problem of Consciousness* (New York: Oxford University Press, 2006). 위의 접근법을 물리주의 입장에서 덜 비판적으로 전개한다.

·Tim Crane and D. H. Mellor, "There Is No Question of Physicalism," *Mind* 99, 1990: 185–206. 물리주의에 대한 논의는 말 그대로 무의미하다고 주장하는 고전적 논문이다. Barbara Montero, "The Body Problem," *Noûs* 33(3), 1999: 183–220. 좀더 가볍고 훨씬 더 읽기 쉬운 논문이다.

·Saul Kripke, *Naming and Necessity.* 3강에서 과학적 필연성에 대한 고전적 옹호를 펼친다. Frank Jackson, "Postscript," in Paul K. Moser and J. K. Trout (eds.), *Contemporary Materialism* (London:

Routledge, 1995), 184–189. 크립키의 방법을 지식 논증에 적용하는 데 반대하는 논증이다.

· Robert Howell, "The Ontology of Subjective Physicalism," *Noûs* 43(2), 2009: 315–345. 주관적 물리주의를 옹호하고 한층 정교하게 서술한다.

University Press (2002), p.93.

156쪽: Chalmers, D. J. *The Conscious Mind: In Search of a Fundamental Theory*. New York: Oxford University Press (1996), p.180.

165쪽: Lucretius. *On the Nature of the Universe*. Latham, R. E. (trans.). London: Penguin (1999), pp.61–62.

168쪽: Blackburn, S. Filling in Space. *Analysis* 50 (1990), pp.60–65: 62–63.

찾아보기

옮긴이의 말

"의식이란 무엇인가? 얼핏 단순해 보일지도 모르겠지만, 사실 이건 만만한 문제가 아니다. 의식은 우리가 가장 확실하게 알면서 동시에 가장 알기 어려운 연구 대상이다. 묘하게도 우리는 의식을 연구하기 위해 의식을 사용하든지, 아니면 연구하려는 대상인 의식으로부터 자신을 떼어놓아야 한다."_수전 블랙모어, 심리학자

철학자 김재권은 『심리철학』 제3판 9장 「의식이란 무엇인가?」에서 이 책을 참고 도서로 가장 먼저 꼽으며 이렇게 평가했다. "『심야의 철학도서관』은 짧고 이해하기 쉬우며, 의식과 관련된 주요 쟁점들을 대화 형식으로 재미있게 풀어낸다." 의식에 관한 철학적 논의를 알고자 하는 사람에게 심리철학의 거장 김재권의 추천보다 더 설득력 있는 것은 별로 없으리라 생각한다.

이 책에서 다루는 심리철학의 일반적 개념에 대해 간략히 이야기하겠다.(엄밀하고 명료한 책에 사족을 다는 것 같고, 옮긴이는 철학자가 아닌 말 그대로 번역가일 뿐이기에 잘못된 정보를 전하지 않을까

하는 걱정이 앞서지만, 혹시라도 내용을 이해하는 데 도움을 받을 독자가 있을지 모른다는 생각으로 몇 자 적는다. 예전에 철학 수업에서 배우거나 책, 논문 등에서 읽은 내용을 끌어모아 거칠게 요약한 것이니 적절히 참고만 하기를 바란다.)

물리주의란 무엇일까? 물리주의는 물리적인 것이 모든 것을 결정한다는 주장이다. 이것이 참이라면 당연히 물리적인 것이 정신적인 것도 결정하게 된다. 또 물리주의에 따르면, 세계에는 물리적 대상, 속성, 사건만이 존재한다. 물리주의는 몸과 마음을 모두 물리학으로 밝힐 수 있다고 주장한다. 이와 반대로 관념론은 정신적인 것이 모든 것을 결정한다고 주장한다. 물리주의와 관념론은 모두 일원론에 속한다.

오늘날에는 물리주의가 대세다. 물리학을 비롯한 과학의 설명력과 그것이 인류에 미친 영향력을 고려하면, 의식에 관한 논의에서도 물리주의가 대세를 이루고 있다는 사실은 전혀 이상하게 느껴지지 않는다. 오히려 물리학으로 해결하거나 설명할 수 없는 문제가 있다고 한다면, 그것이 매우 놀라운 발언으로 들릴 것이다.

하지만 물리주의에도 문제가 있는데, 마음과 몸이 매우 달라 보인다는 점이 바로 그것이다. 물리주의는 일원론이므로 직관적으로 이렇게 달라 보이는 마음과 몸이 어떻게 동일할 수 있는지를 설명해야 한다. 이를 위해 물리주의자는 달라 보이는 두 현상의 배후에 사실은 통일성이 있다고 주장한다. 물리주의에 따르면, 두 가지 방식으로 파악된 한 가지 속성이 존재할 뿐이다. 그리고 그 속성은 당연히 물리적 속성이다. 물리주의는 물리적인 것이 아닌 정신적인 것이 따로 존재한다는 주장을 받아들이지 않는다.

　그러나 이렇게 상식과 부합하는 듯 보이는 물리주의에 반대하는 사람들이 있는데, 이들의 반론은 예상 밖으로 강력해서 쉽사리 물리치거나 무시할 수 없다. 반물리주의 논증은 주로 현상적 의식에 기반을 둔다. 여기서 '현상'이라는 말은 경험에 나타나는 어떤 것을 가리키는데, 어떤 심적 상태가 현상적이라는 것은 그 상태가 이러저러하게 느껴짐을 뜻한다. 이를테면, 고통의 독특한 질적 느낌이나 초록색을 볼 때의 느낌, 간지러움을 경험할 때의 느낌 등을 말한다. 여기서 중요한 것은 현상적 경험이 본질적으로 주관적이라는 점이다. 이렇게 말하면 어쩐지 잘 와닿지 않는다고 불평할 독자도 있을 것 같은데, 그 까닭은 현상적 의식이 정의하기 불가능한 것으로 보이기 때문이다. 특정한 현상적 의식 경험을 기술하려면 다른 현상적 의식 경험에 의존하지 않을 수 없다. 예를 들어, 크랜베리 주스의 맛을 전하려면, 크랜베리의 맛이 난다고 하거나, 복분자 주스와 비슷한 맛이 난다고 하거나, 달고 신맛이 난다는 식으로 말하는 수밖에 없다. 객관적인 물리학의 용어로 기술할 수 없는 이러한 주관성이 현상적 의식을 다루기 힘들게 만든다. 네이글은 현상적 의식을 다루기 위해 "what it's like to be"라는 표현을 고안하기도 했다.

　반물리주의는 이런 현상적 의식의 문제를 집요하게 파고들어

물리주의를 공격한다. 반물리주의의 주요 논증으로는 네이글의 『박쥐가 된다는 건 어떤 느낌일까?』, 잭슨의 지식 논증, 차머스의 좀비 논증 등이 있다. 널리 알려진 이 논증들과 여기에서 파생된 다양한 논의를 이 책은 상세히 다룬다.

이러한 논증들을 놓고 세계 각국의 철학자들이 수십 년 동안 각종 기기묘묘한 수를 두며 논쟁을 이어오고 있는 모습을 보면 물리주의가 반물리주의의 도전을 격파하기란 쉬운 일이 아닌 것으로 보인다. 하지만 반물리주의 역시 약점이 있다. 반물리주의는 물리적인 것 외에 정신적인 것이 따로 있다고 주장하기 때문에 이원론에 속하게 되는데, 그렇다면 정신적인 것이 어떻게 물리적인 것과 상호작용을 하느냐는 문제가 생긴다. 우리 물리세계에 정말—그것이 정확히 무엇이든 간에—주관적이고 정신적인 것이 별개로 존재한다면, 그것은 시간과 공간 안에서 인과법칙을 따르는 물리적인 것들과 어떻게 상호작용할까? 그리고 우리는 그것을 어떻게 설명할 수 있을까? 만약 정신적인 것이 인과 작용을 전혀 하지 않는다면, 인과의 사슬 안에 있는 물리세계에서 정신적인 것은 어떤 지위를 차지하는 것일까?

의식 문제의 핵심은 이렇게 주관적인 것으로 보이는 현상적 의식이 어떻게 객관적인 물리세계에 포섭될 수 있는지, 특히 현상적 의식이 어떻게 두뇌 속에서 일어나는 물리적 사건과 관련되는지를 설명하는 것이다. 도대체 어떻게 두뇌 세포의 전기 발화가 주관적인 의식 경험을 낳는 걸까?

이 책의 장점은 내용에만 있지 않다. 독특한 형식 또한 독자의 눈을 사로잡는다. 독자를 의식의 세계로 안내하기 위해 저자들은 대화 형식을 채택했다. 철학도 포넨스와 법학도 톨렌스가 중심 화자로 등장해서 월요일부터 토요일까지 매일 밤 도서관에서 의식에 관해 논쟁을 벌이고, 중간에 누스, 벨라, 아니무스, 에피스타인이 끼어들어서 나름대로 의견을 제시한다. 포넨스는 이 모든 논의를 이끌어가며 철학자들의 주장을 인용하거나 요약해서 소개하고, 등장인물들의 반론에 답한다. 논의는 주로 물리주의와 반물리주의의 팽팽한 대립에 초점을 맞추어 진행된다.

철학의 핵심은 논증이다. 하지만 논문이나 책을 읽은 뒤에 각 논증이 말하는 바가 정확히 무엇이고 약점은 무엇이며 모순은 없는지, 또 이 논증과 저 논증이 상충하는 부분이 어디인지를 파악하기란 쉬운 일이 아니다. 대화 형식의 이 책에서는 등장인물들이 저마다 뚜렷한 입장을 가지고 목소리를 높여 주장과 반론, 재반론을 하기 때문에 논증의 요지를 한결 쉽게 파악할 수 있다. 이 점은 플라톤이나 버클리의 저술을 연상하게도 하지만, 다른 점이 있다면 『심야의 철학도서관』은 예전의 것들보다 훨씬 더 엄밀하게 논증을 제시한다는 것이다.

현대 분석철학의 건조함은 분석철학이 곧 철학이라고 생각하는 사람조차 때로는 진저리 치게 만들곤 하는데, 대화 형식은 딱딱하고 형식적인 논증을 친구의 입을 통해 듣는 느낌으로 서술함으로써 이러한 건조함을 덜어준다. 여기에 자조적인 유머도 읽는 재미를 더한다. 특히 철학과 학생이라면 소위 '웃프다'고 생각할 만한 부분이 있을 것이다.

철학을 할 때 중요한 것은 어떤 주장이 구체적으로 무엇이냐, 그리고 무엇을 함축하느냐를 질문하는 것이라고 배웠다. 독자 여러분도 이 책을 읽다가 이해가 잘 가지 않거나 문득 의문이 생길 때, 잠시 책을 덮어놓고 혼자서 정말로 뜻하는 바가 무엇인지를 의식적으로 곰곰이 생각해본다면 의식에 관한 이해가 한층 깊어질 것이라고 생각한다.

끝으로 연세대학교 선우환 교수님과 서울시립대학교 김성수 교수님에게 감사한 마음을 전한다.

심야의 철학도서관

초판 인쇄	2018년 8월 6일
초판 발행	2018년 8월 14일

지은이	토린 얼터·로버트 J. 하월
옮긴이	한재호
펴낸이	강성민
편집장	이은혜
편집	박은아
마케팅	정민호 이숙재 정현민 김도윤 안남영
홍보	김희숙 김상만 이천희

펴낸곳	(주)글항아리	출판등록 2009년 1월 19일 제406-2009-000002호
주소	10881 경기도 파주시 회동길 210
전자우편	bookpot@hanmail.net
전화번호	031-955-2663(편집부)	031-955-8891(마케팅)
팩스	031-955-2557

ISBN	978-89-6735-540-1 03160

글항아리는 (주)문학동네의 계열사입니다.

이 도서의 국립중앙도서관 출판시도서목록(CIP)은 서지정보유통지원시스템 홈페이지
(http://seoji.nl.go.kr)와 국가자료공동목록시스템(http://www.nl.go.kr/kolisnet)에서
이용하실 수 있습니다. (CIP제어번호 : CIP2018024034)